Delicias de la India 2023

Una guía completa para cocinar la mejor comida india en casa

Ritu Patel

Contenido

Dosis rápida 18
    Materia prima 18
    Un método 19

Rollo de patata dulce 20
    Materia prima 20
    Un método 20

Pasteles de papa 21
    Materia prima 21
    Un método 22

Murgh malai kebab 23
    Materia prima 23
    Un método 24

soplo de keema 25
    Materia prima 25
    Un método 26

pakoda de huevo 28
    Materia prima 28
    Un método 29

Una dosis de huevos 30
    Materia prima 30
    Un método 31

khasta kachori 32
    Materia prima 32

- Un método 33
- Dhokla de legumbres mixtas 35
  - Materia prima 35
  - Un método 36
- franco 37
  - Materia prima 37
  - Un método 38
- Delicia con besan y queso 39
  - Materia prima 39
  - Para la mezcla de besan: 39
  - Un método 40
- agregar pimienta 41
  - Materia prima 41
  - Un método 42
- Canapé de espinacas 43
  - Materia prima 43
  - Un método 44
- Chaat Paushtik 45
  - Materia prima 45
  - Un método 46
- rollo de repollo 47
  - Materia prima 47
  - Un método 48
- pan de tomate 49
  - Materia prima 49
  - Un método 49
- Bolas de trigo y queso 50

- Materia prima 50
- Un método 50
- Copos de cereales Chivda 51
  - Materia prima 51
  - Un método 52
- rollo de coco 53
  - Materia prima 53
  - Un método 54
- Rollitos de col con costillas 55
  - Materia prima 55
  - Un método 56
- Pav Bhaji 57
  - Materia prima 57
  - Un método 58
- chuletas de soja 59
  - Materia prima 59
  - Un método 59
- trigo como 61
  - Materia prima 61
  - Un método 61
- Methi Gota 62
  - Materia prima 62
  - Un método 63
- Ven a mí 64
  - Materia prima 64
  - Un método 64
- Ir más 65

Materia prima 65

Un método 66

almejas masala 67

Materia prima 67

Un método 68

brochetas de menta 69

Materia prima 69

Un método 69

Hierbas Sevia Upma 70

Materia prima 70

Un método 71

Como 72

Materia prima 72

Un método 72

sabudana khichdi 73

Materia prima 73

Un método 74

uno feo 75

Materia prima 75

Un método 76

papas jaldi 77

Materia prima 77

Un método 77

Dhokla naranja 78

Materia prima 78

Un método 79

chou muthía 80

- Materia prima 80
  - Un método 81
- Rava Dhokla 82
  - Materia prima 82
  - Un método 82
- Chapatti Upma 83
  - Materia prima 83
  - Un método 84
- Mung Dhokla 85
  - Materia prima 85
  - Un método 85
- Chuleta de carne Mughlai 86
  - Materia prima 86
  - Un método 87
- masala vada 88
  - Materia prima 88
  - Un método 88
- Repollo Shivda 89
  - Materia prima 89
  - Un método 90
- Pan Besan Bhajji 91
  - Materia prima 91
  - Un método 91
- Methi Seekh Kebab 92
  - Materia prima 92
  - Un método 92
- Jhinga Hariyali 94

Materia prima 94
    Un método 95
Methi Adai 96
    Materia prima 96
    Un método 97
Chaat de guisantes 98
    Materia prima 98
    Un método 98
Shingada 99
    Materia prima 99
    Para la masa: 99
    Un método 100
Cebolla Bhajia 101
    Materia prima 101
    Un método 101
Bagani Murgh 102
    Materia prima 102
    Para los pepinillos: 102
    Un método 103
teletipo de patata 104
    Materia prima 104
    Un método 105
batata vada 106
    Materia prima 106
    Un método 107
Brocheta pequeña de pollo 108
    Materia prima 108

Un método 108

Bucear 109

    Materia prima 109

    Un método 110

Poha nutritivo 111

    Materia prima 111

    Un método 111

Frijoles desagradables 112

    Materia prima 112

    Un método 113

Pan Chutney Pakoda 114

    Materia prima 114

    Un método 114

Delicia de Methi Khakra 115

    Materia prima 115

    Un método 115

Picar verde 116

    Materia prima 116

    Un método 117

manovo 118

    Materia prima 118

    Un método 119

Pasteles de plátano con especias 120

    Materia prima 120

    Un método 120

masala dosa 120

    Materia prima 121

Un método 121

brochetas de soya 123

    Materia prima 123

    Un método 124

Sémola Idli 125

    Materia prima 125

    Un método 126

Chuleta con huevos y patatas 127

    Materia prima 127

    Un método 127

Shivda 128

    Materia prima 128

    Un método 129

pan bhajjia 130

    Materia prima 130

    Un método 130

huevo Masala 131

    Materia prima 131

    Un método 132

Gambas Pakoda 133

    Materia prima 133

    Un método 133

Dip de queso 134

    Materia prima 134

    Un método 135

mysore-bonda 136

    Materia prima 136

  Un método 136
Radhballabhi 137
  Materia prima 137
  Un método 137
medou vada 139
  Materia prima 139
  Un método 139
tortilla de tomate 140
  Materia prima 140
  Un método 141
Bhuri de huevo 142
  Materia prima 142
  Un método 143
Batir los huevos 144
  Materia prima 144
  Un método 145
Jhal Mudi 146
  Materia prima 146
  Un método 146
punto de tofu 147
  Materia prima 147
  Para los pepinillos: 147
  Un método 147
hola cable 149
  Materia prima 149
  Un método 149
tortilla masala 150

Materia prima 150
    Un método 151
vendedor de nueces 152
    Materia prima 152
    Un método 152
Wadi de Kothmir 153
    Materia prima 153
    Un método 154
Rollitos de arroz y trigo 155
    Materia prima 155
    Un método 155
chuleta dahi 156
    Materia prima 156
    Un método 156
Salgamos 158
    Materia prima 158
    Un método 158
Koraishuir Kochuri 159
    Materia prima 159
    Un método 159
kanda vada 161
    Materia prima 161
    Un método 161
hola tuk 162
    Materia prima 162
    Un método 162
chuletas de nuez 164

- Materia prima 164
- Un método 164
- Dhokla con brotes de mung 166
  - Materia prima 166
  - Un método 166
- Paneer Pakoda 167
  - Materia prima 167
  - Un método 168
- pastel de carne indio 169
  - Materia prima 169
  - Un método 170
- paneer tikka 171
  - Materia prima 171
  - Para los pepinillos: 171
  - Un método 172
- Chuletas Paneer 173
  - Materia prima 173
  - Un método 174
- Valle del kebab 175
  - Materia prima 175
  - Un método 175
- bolas de arroz salado 176
  - Materia prima 176
  - Un método 176
- Roll Roti nutritivo 177
  - Materia prima 177
  - Para el bistec: 177

Un método 178
Brochetas de pollo y menta 179
    Materia prima 179
    Un método 180
papas fritas masala 181
    Materia prima 181
    Un método 181
Samosa de Verduras Mixtas 182
    Materia prima 182
    Para la masa: 182
    Un método 183
Rollos picados 184
    Materia prima 184
    Un método 185
Golli Kebab 186
    Materia prima 186
    Un método 187
matemáticas 188
    Materia prima 188
    Un método 188
Poha Pakoda 189
    Materia prima 189
    Un método 190
Hariyali Murgh Tikka 191
    Materia prima 191
    Para los pepinillos: 191
    Un método 192

boti kebab 193
    Materia prima 193
    Un método 194
Charlar 195
    Materia prima 195
    Un método 196
Una dosis de nueces 197
    Materia prima 197
    Un método 197
Tortitas con frutos secos 198
    Materia prima 198
    Un método 198
Una lata de arroz hervido 199
    Materia prima 199
    Un método 200
Tartas de plátano sin madurar 201
    Materia prima 201
    Un método 202
sooji vada 203
    Materia prima 203
    Un método 204
Bocados agridulces 205
    Materia prima 205
    Para muthias: 205
    Un método 206
Bolas de camarones 207
    Materia prima 207

- Un método 208
- Reshmi de kebab 209
  - Materia prima 209
  - Un método 209
- Delicia de trigo partido 210
  - Materia prima 210
  - Un método 211
- Methi Dhokla 212
  - Materia prima 212
  - Un método 213
- tortas de guisantes 214
  - Materia prima 214
  - Un método 215
- Nimki 216
  - Materia prima 216
  - Un método 217
- Dahi Pakoda Chaat 218
  - Materia prima 218
  - Un método 218

Dosis rápida

(Panqueque de arroz instantáneo)

Hace 10-12

Materia prima

85 g/3 oz de harina de arroz

Entero 45g/1½ oz

45 g/1½ oz de harina blanca normal

pieza de sémola de 25 g/1 oz

60g/2oz besán*

1 cucharadita de comino molido

4 chiles verdes, finamente picados

2 cucharadas de crema agria

Sal al gusto

120 ml de aceite vegetal purificado

Un método

- Mezcle todos los ingredientes, excepto el aceite, con suficiente agua para hacer una pasta espesa con una consistencia líquida.

- Calienta una sartén y vierte una cucharadita de aceite en ella. Vierta 2 cucharadas de masa y extienda con el dorso de una cuchara para hacer un panqueque.

- Cocine a fuego lento hasta que la parte inferior esté dorada. Vuelve y repite.

- Retirar con cuidado con una espátula. Repita con el resto de la masa.

- Servir caliente con cualquier chutney.

Rollo de patata dulce

Da 15-20

Materia prima

4 batatas grandes, al vapor y en puré

175 g/6 oz de harina de arroz

4 cucharadas de miel

20 anacardos, ligeramente tostados y picados

20 pasas

Sal al gusto

2 cucharaditas de semillas de sésamo

Ghee para freír

Un método

- Mezcle todo menos el ghee y las semillas de sésamo.

- Enrolle en bolas del tamaño de una nuez y páselas por semillas de sésamo para cubrir.

- Calentar el ghee en una sartén. Freír las bolas a fuego medio hasta que estén doradas. Servir caliente.

Pasteles de papa

dar 30

Materia prima

6 papas grandes, 3 ralladas más 3 hervidas y en puré

2 huevos

2 cucharadas de harina blanca normal

½ cucharadita de pimienta negra recién molida

1 cebolla pequeña, finamente picada

120 ml de leche

60 ml de aceite vegetal purificado

1 cucharadita de sal

2 cucharadas de aceite

Un método

- Mezclar todos los ingredientes, excepto el aceite, hasta formar una pasta espesa.

- Calentar una sartén plana y untar aceite sobre ella. Coloque de 2 a 4 cucharadas de masa y extiéndala como un panqueque.

- Cocine por cada lado a fuego medio durante 3-4 minutos hasta que el panqueque esté dorado y crujiente en los bordes.

- Repita con el resto de la masa. Servir caliente.

Murgh malai kebab

(brocheta de pollo a la crema)

Da 25-30

Materia prima

1 cucharadita de pasta de jengibre

1 cucharadita de pasta de ajo

2 pimientos verdes

25 g/hojas pequeñas de cilantro, finamente picadas

3 cucharadas de crema

1 cucharadita de harina blanca normal

125 g/4½ oz de queso cheddar, rallado

1 cucharadita de sal

500 g/1 lb 2 oz de pollo deshuesado, finamente picado

Un método

- Mezclar todo excepto el pollo.

- Marinar las piezas de pollo con la mezcla durante 4 a 6 horas.

- Colocar en una fuente para horno y hornear a una temperatura de 165°C (325°F, gas 4) durante unos 20 a 30 minutos, hasta que el pollo se dore.

- Servir caliente con chutney de menta

soplo de keema

(Rellenos de sal con carne picada)

dar 12

Materia prima

250 g / 9 oz de harina blanca normal

½ cucharada de sal

½ cucharadita de levadura en polvo

1 cucharada de manteca

100 ml/3½ onzas líquidas de agua

2 cucharadas de aceite vegetal refinado

2 cebollas medianas, finamente picadas

¾ cucharadita de pasta de jengibre

cucharadita de pasta de ajo

6 chiles verdes, finamente picados

1 tomate grande, finamente picado

½ cucharadita de cúrcuma

½ cucharadita de pimienta en polvo

1 cucharadita de garam masala

125 g/4½ oz de guisantes congelados

4 cucharadas de yogur

2 cucharadas de agua

50 g de hojas de cilantro finamente picadas

500 g/1 lb 2 oz pollo, desmenuzado

Un método

- Tamizar juntos la harina, la sal y el polvo de hornear. Agregue ghee y agua. Amasar para formar una masa. Dejar durante 30 minutos y volver a amasar. Dejar de lado.

- Calentar el aceite en una olla. Agregue las cebollas, la pasta de jengibre, la pasta de ajo y los chiles verdes. Freír durante 2 minutos a fuego medio.

- Agregue los tomates, la cúrcuma, el chile en polvo, el garam masala y una pizca de sal. Mezcle bien y cocine por 5 minutos, revolviendo con frecuencia.

- Agregue frijoles, yogur, agua, hojas de cilantro y pollo molido. Mezclar bien. Cocine por 15 minutos, revolviendo ocasionalmente, hasta que la mezcla esté seca. Dejar de lado.

- Estirar la masa en un plato grande. Corta en forma cuadrada, luego corta 12 rectángulos pequeños del cuadrado.

- Coloque la mezcla de hachís en el centro de cada rectángulo y enrolle como un envoltorio de caramelo.

- Hornee a 175 °C (350 °F, ajuste de temperatura 4) durante 10 minutos. Servir caliente.

pakoda de huevo

(bocadillo de huevo frito)

dar 20

Materia prima

3 huevos batidos

3 rebanadas de pan, cortadas en cuartos

125 g/4½ oz de queso cheddar, rallado

1 cebolla, finamente picada

3 chiles verdes, finamente picados

1 cucharada de hojas de cilantro picadas

½ cucharadita de pimienta negra molida

½ cucharadita de pimienta en polvo

Sal al gusto

Aceite vegetal refinado para freír

Un método
- Mezclar todos los ingredientes excepto el aceite.

- Calienta el aceite en el sarten. Añadir cucharadas de la mezcla. Freír a fuego medio hasta que estén doradas.

- Escurrir sobre toallas de papel. Servir caliente.

Una dosis de huevos

(Crepe con huevos y arroz)

Devoluciones 12-14

Materia prima

150 g/5½ oz de urad dhal*

100 g/3½ oz de arroz al vapor

Sal al gusto

4 huevos batidos

Pimienta negra molida al gusto

25 g/1 oz de cebolla pequeña, finamente picada

2 cucharadas de hojas de cilantro picadas

1 cucharada de aceite vegetal refinado

1 cucharada de mantequilla

Un método

- Remoje el dhal y el arroz juntos durante 4 horas. Salar y moler hasta obtener una pasta espesa. Déjalo fermentar durante la noche.

- Unte con mantequilla y caliente una sartén plana. Extienda 2 cucharadas de datter encima.

- Vierta 3 cucharadas de huevo sobre la masa. Espolvorear con pimentón, cebolla y hojas de cilantro. Rocíe un poco de aceite alrededor de los bordes y cocine por 2 minutos. Voltee con cuidado y cocine por otros 2 minutos.

- Repita con el resto de la masa. Coloque una nuez de mantequilla en cada dosa y sirva caliente con chutney de coco.

khasta kachori

(Copa picante con lentejas fritas)

Devoluciones 12-15

Materia prima

200g/7oz besán*

300 g/10 oz de harina blanca normal

Sal al gusto

200 ml de agua

2 cucharadas más de aceite vegetal refinado para freír

Pellizcar asafétida

225 g/8 oz de pasta de frijol mungo*, remojado durante una hora y escurrido

1 cucharadita de cúrcuma

1 cucharadita de cilantro molido

4 cucharaditas de semillas de hinojo

2-3 dientes

1 cucharada de hojas de cilantro, finamente picadas

3 chiles verdes, finamente picados

Raíz de jengibre de 2,5 cm, finamente picada

1 cucharada de hojas de menta, finamente picadas

¼ cucharadita de pimienta en polvo

1 cucharadita de amchoor*

Un método

- Amasar el besan, la harina y un poco de sal con suficiente agua hasta obtener una masa dura. Dejar de lado.

- Calentar el aceite en una olla. Agregue asafétida y saltee durante 15 segundos. Agregue el dal y fríalo durante 5 minutos a fuego medio, revolviendo constantemente.

- Agregue la cúrcuma, el cilantro molido, las semillas de hinojo, el clavo, las hojas de cilantro, el chile verde, el jengibre, las hojas de menta, el chile en polvo y el amchoor. Mezcle bien y cocine durante 10-12 minutos. Dejar de lado.

- Divide la masa en bolas del tamaño de un limón. Aplástalas y extiéndelas en platos pequeños de 12,5 cm de diámetro.

- Coloque una cucharada de la mezcla de dhal en el centro de cada plato. Sellar como un jarrón y extender en puris. Dejar de lado.

- Calentar el aceite en una olla. Freír la purisana hasta que se inflen.

- Servir caliente con chutney de coco verde

Dhokla de legumbres mixtas

(pastel de frijoles mixtos al vapor)

dar 20

Materia prima

125 g/4½ oz de frijol mungo entero*

125g/4½ oz kaala chana*

60g/2oz Gramos Turcos

50 g de judías verdes secas

75g/2½ oz de frijoles urad*

2 cucharaditas de chile verde

Sal al gusto

Un método

- Remoje los frijoles mungo, kaala chana, gramo turco y judías verdes secas juntas. Remoje los frijoles urad por separado. Dejar durante 6 horas.

- Moler todos los ingredientes húmedos juntos para hacer una pasta espesa. Fermentación durante 6 horas.

- Añadir el pimiento verde y la sal. Mezclar bien y verter en un molde para tarta redondo de 20 cm y dejar leudar durante 10 minutos.

- Cortar diamantes. Servir con chutney de menta

franco

Hace 10-12

Materia prima

1 cucharadita de chaat masala*

½ cucharadita de garam masala

½ cucharadita de comino molido

4 papas grandes, hervidas y en puré

Sal al gusto

10-12 chapatis

Aceite vegetal refinado para lubricación

2-3 chiles verdes, finamente picados y remojados en vinagre blanco

2 cucharadas de hojas de cilantro, finamente picadas

1 cebolla, finamente picada

Un método

- Combine chaat masala, garam masala, comino molido, papas y sal. Amasar bien y reservar.

- Calentar una sartén y colocar chapatti encima.

- Unte un poco de aceite en el chapatti y voltee para freír un lado. Repite por el otro lado.

- Extienda una capa de la mezcla de papas de manera uniforme sobre los chapatis calientes.

- Espolvorea algunos chiles verdes, hojas de cilantro y cebolla.

- Enrolle el chapatti para que la mezcla de patatas quede dentro.

- Asa el rollo en la sartén hasta que esté dorado y sírvelo caliente.

Delicia con besan y queso

dar 25

Materia prima

2 huevos

250 g/9 oz de queso cheddar, rallado

1 cucharadita de pimienta negra molida

1 cucharadita de mostaza molida

½ cucharadita de pimienta en polvo

60 ml de aceite vegetal purificado

Para la mezcla de besan:

50 g/1¾ oz de sémola, tostada en seco

375g/13oz besán*

200 g / 7 oz repollo rallado

1 cucharadita de pasta de jengibre

1 cucharadita de pasta de ajo

Una pizca de levadura en polvo

Sal al gusto

Un método

- Batir un huevo lentamente. Agregue queso Cheddar, pimienta, mostaza molida y chile en polvo. Mezcle bien y deje reposar.

- Mezcle los ingredientes de la mezcla de besan. Transfiera a un molde para pastel redondo de 20 cm y deje crecer durante 20 minutos. Una vez frío, córtelo en 25 piezas y extienda la mezcla de huevo y queso sobre cada pieza.

- Calentar el aceite en una olla. Freír las piezas a fuego medio hasta que estén doradas. Servir caliente con chutney de coco verde

agregar pimienta

Para 4 personas

Materia prima

3 cucharadas de aceite vegetal refinado

1 cucharadita de semillas de mostaza

1 cebolla pequeña, picada

½ cucharadita de garam masala

1 cucharada de salsa de tomate

4 idlis, picados

Sal al gusto

2 cucharadas de hojas de cilantro

Un método

- Calentar el aceite en una olla. Agregue las semillas de mostaza. Déjalos temer durante 15 segundos.

- Agregue todos los ingredientes restantes, excepto las hojas de cilantro. Mezclar bien.

- Cocine a fuego medio durante 4 a 5 minutos, revolviendo suavemente. Decorar con hojas de cilantro. Servir caliente.

Canapé de espinacas

dar 10

Materia prima

2 cucharadas de mantequilla

10 rebanadas de pan, cortadas en cuartos

2 cucharadas de manteca

1 cebolla, finamente picada

300 g/10 oz de espinacas, finamente picadas

Sal al gusto

125 g/4½ oz de queso de cabra, escurrido

4 cucharadas de queso cheddar, rallado

Un método

- Engrase ambos lados de las rebanadas de pan y hornee en un horno precalentado a 200°C (400°F, punto 6) durante 7 minutos. Dejar de lado.

- Calentar el ghee en una olla. Freír la cebolla hasta que se dore. Añadir las espinacas y la sal. Cocine 5 minutos. Agregue el queso de cabra y mezcle bien.

- Extienda la mezcla de espinacas sobre las tostadas. Espolvorea con queso Cheddar rallado y hornea a 130°C (250°F, marca de gas ½) hasta que el queso se derrita. Servir caliente.

Chaat Paushtik

(refrigerio saludable)

Para 4 personas

Materia prima

3 cucharaditas de aceite vegetal refinado

½ cucharadita de semillas de comino

1 pulgada/2,5 cm de raíz de jengibre triturada

1 patata pequeña, hervida y picada

1 cucharadita de garam masala

Sal al gusto

Pimienta negra molida al gusto

250 g/9 oz de frijol mungo, cocidos

Frijoles enlatados 300g/10oz

Garbanzos de lata de 300 g / 10 oz

10 g/¼ oz de hojas de cilantro picadas

1 cucharadita de jugo de limón

Un método

- Calentar el aceite en una olla. Agregue semillas de comino. Déjalos temer durante 15 segundos.
- Agregue jengibre, papas, garam masala, sal y pimienta. Freír a fuego medio durante 3 minutos. Agregue los frijoles mungo, los frijoles rojos y los garbanzos. Cocine a fuego medio durante 8 minutos.
- Adorne con hojas de cilantro y jugo de limón. Servir fresco.

rollo de repollo

Para 4 personas

Materia prima

- 1 cucharada de harina blanca normal
- 3 cucharadas de agua
- Sal al gusto
- 2 cucharadas más de aceite vegetal refinado para freír
- 1 cucharadita de semillas de comino
- 100 g/3½ oz de verduras mixtas congeladas
- 1 cucharada de nata líquida
- 2 cucharadas de pan*
- cucharadita: Cúrcuma
- 1 cucharadita de pimienta en polvo
- 1 cucharadita de cilantro molido
- 1 cucharadita de comino molido
- 8 hojas grandes de col, poner en agua caliente durante 2-3 minutos y escurrir

Un método

- Mezclar la harina, el agua y la sal hasta formar una masa espesa. Dejar de lado.
- Calentar el aceite en una olla. Agrega las semillas de comino y saltea durante 15 segundos. Agregue todos los ingredientes restantes, excepto las hojas de col. Cocine a fuego medio durante 2-3 minutos, revolviendo con frecuencia.
- Coloque cucharadas de esta mezcla en el centro de cada hoja de col. Dobla las hojas y sella los bordes con pasta de harina.
- Calienta el aceite en el sarten. Sumergir los rollos de col en la masa de harina y freír. Servir caliente.

pan de tomate

dar 4

Materia prima

1½ cucharadas de aceite vegetal refinado

150 g/5½ oz de pasta de tomate

3-4 hojas de curry

2 chiles verdes, finamente picados

Sal al gusto

2 papas grandes, hervidas y en rodajas

6 rebanadas de pan, picadas

10 g/¼ oz de hojas de cilantro picadas

Un método

- Calentar el aceite en una olla. Agregue la pasta de tomate, las hojas de curry, los chiles verdes y la sal. Cocine 5 minutos.
- Añadir las patatas y el pan. Cocine a fuego lento durante 5 minutos.
- Decorar con hojas de cilantro. Servir caliente.

Bolas de trigo y queso

Acuerdo 8-10

Materia prima

200 g / 7 oz de trigo

250 g/9 oz de queso mozzarella, rallado

4 papas grandes, hervidas y en puré

2 chiles verdes, finamente picados

Raíz de jengibre de 2,5 cm, finamente picada

1 cucharada de hojas de cilantro picadas

1 cucharadita de jugo de limón

50 g de pan rallado

Sal al gusto

Aceite vegetal refinado para freír

50 g/1¾ oz de sémola

Un método

- Mezclar todos los ingredientes en un bol, excepto el aceite y la sémola. Divida en 8 a 10 bolas.
- Calentar el aceite en una olla. Enrollar las bolitas de sémola y freír a fuego medio hasta que estén doradas. Servir caliente.

Copos de cereales Chivda

(Merienda con copos de maíz a la parrilla)

Hace 500g/1lb 2oz

Materia prima

250 g / 9 oz de maní

150 g/5½ oz chana dhal*

100g/3½ oz de pasas

125 g / 4½ oz de anacardos

200 g/7 oz de copos de maíz

60 ml de aceite vegetal purificado

7 chiles verdes, picados

25 hojas de curry

½ cucharadita de cúrcuma

2 cucharaditas de azúcar

Sal al gusto

Un método

- Seque los cacahuetes tostados, el chana dhal, las pasas, los anacardos y las hojuelas de maíz hasta que estén crujientes. Dejar de lado.
- Calentar el aceite en una olla. Agregue chiles verdes, hojas de curry y cúrcuma. Freír a fuego medio durante un minuto.
- Añadir el azúcar, la sal y todos los ingredientes tostados. Freír durante 2-3 minutos.
- Refrigere y guarde en un recipiente hermético hasta por 8 días.

rollo de coco

Da 20-25

Materia prima

140 g/5 oz de harina blanca normal

240 ml/8 onzas líquidas de leche

1 cucharada de mantequilla

Sal al gusto

Pimienta negra molida al gusto

½ cucharada de hojas de cilantro, finamente picadas

3-4 cucharadas de queso cheddar, rallado

¼ de cucharadita de nuez moscada rallada

125 g/4½ oz de anacardos, molidos gruesos

125 g/4½ oz de maní, molido grueso

50 g de pan rallado

Aceite vegetal refinado para freír

Un método

- Mezclar 85 g de harina con la leche en un cazo. Agregue la mantequilla y cocine la mezcla, revolviendo constantemente, a fuego lento hasta que espese.
- Sal y pimienta. Deje que la mezcla se enfríe durante 20 minutos.
- Agregue hojas de cilantro, queso cheddar, nuez moscada, anacardos y nueces. Mezclar bien. Dejar de lado.
- Espolvorea la mitad de las migas de pan en una bandeja para hornear.
- Colocar cucharadas de la mezcla de harina sobre el pan rallado y hacer hogazas. Dejar de lado.
- Mezclar el resto de la harina con suficiente agua para hacer una masa fina. Sumergir los rollitos en la masa y volver a pasarlos por el pan rallado.
- Calentar el aceite en una olla. Freír los rollos a fuego medio hasta que estén de color marrón claro.
- Servir caliente con ketchup o chutney de coco verde

Rollitos de col con costillas

dar 12

Materia prima

1 cucharada de aceite vegetal refinado y un poco más para freír

2 cebollas, finamente picadas

2 tomates, finamente picados

½ cucharada de pasta de jengibre

½ cucharada de pasta de ajo

2 chiles verdes, picados

½ cucharadita de cúrcuma

½ cucharadita de pimienta en polvo

una cucharadita de pimienta negra molida

500 g/1 lb 2 oz pollo, desmenuzado

200 g/7 oz de guisantes congelados

2 papas pequeñas, cortadas en trozos

1 zanahoria grande, en rodajas

Sal al gusto

25 g/hojas pequeñas de cilantro, finamente picadas

12 hojas grandes de col, al vapor

2 huevos batidos

100 g de pan rallado

Un método

- Caliente 1 cucharada de aceite en una cacerola. Freír la cebolla hasta que se vuelva transparente.
- Agregue los tomates, la pasta de jengibre, la pasta de ajo, los chiles verdes, la cúrcuma, el chile en polvo y los chiles. Mezclar bien y cocinar durante 2 minutos a fuego medio.
- Agregue el pollo molido, los guisantes, las papas, las zanahorias, la sal y las hojas de cilantro. Cocine a fuego lento durante 20-30 minutos, revolviendo ocasionalmente. Refrigera la mezcla por 20 minutos.
- Coloque cucharadas de la mezcla de carne picada en una hoja de col y enróllela. Repita para las hojas restantes. Asegure los rollos con un palillo de dientes.
- Calentar el aceite en una olla. Pasar los rollitos por huevo, cubrir con pan rallado y freír hasta que estén dorados.
- Escurrir y servir caliente.

Pav Bhaji

(Verduras picantes con pan)

Para 4 personas

Materia prima

2 papas grandes, hervidas

200 g/7 oz de verduras mixtas congeladas (pimientos verdes, zanahorias, coliflor y guisantes)

2 cucharadas de mantequilla

1½ cucharadita de pasta de ajo

2 cebollas grandes, ralladas

4 tomates grandes, picados

250 ml/8 onzas líquidas de agua

2 cucharaditas pav bhaji masala*

1½ cucharadita de chile en polvo

cucharadita: Cúrcuma

Jugo de 1 limón

Sal al gusto

1 cucharada de hojas de cilantro picadas

Mantequilla para freír

4 panes de hamburguesa, cortados por la mitad

1 cebolla grande, finamente picada

Pequeñas rodajas de limón

Un método

- Presiona bien las verduras. Dejar de lado.
- Calentar la mantequilla en una cacerola. Agregue la pasta de ajo y cebolla y fría hasta que la cebolla esté dorada. Agrega los tomates y fríe, revolviendo ocasionalmente, a fuego medio durante 10 minutos.
- Agregue el puré de verduras, el agua, el pav bhaji masala, el chile en polvo, la cúrcuma, el jugo de limón y la sal. Cocine a fuego lento hasta que la salsa espese. Triture y cocine durante 3-4 minutos, revolviendo constantemente. Espolvorear las hojas de cilantro y mezclar bien. Dejar de lado.
- Calentar una sartén plana. Unta un poco de mantequilla y asa las hamburguesas hasta que queden crujientes por ambos lados.
- Sirva la mezcla de verduras caliente en vasos, con cebolla y rodajas de limón al lado.

chuletas de soja

dar 10

Materia prima

300g/10oz mungo dhal*, remojar durante 4 horas

Sal al gusto

400 g/14 oz de soja, remojadas en agua caliente durante 15 minutos

1 cebolla grande, finamente picada

2-3 chiles verdes, finamente picados

1 cucharadita de amchoor*

1 cucharadita de garam masala

2 cucharadas de hojas de cilantro picadas

Pan 150g/5½ oz*o tofu, rallado

Aceite vegetal refinado para freír

Un método

- No vacíe el desagüe. Sazone con sal y cocine a fuego lento en una cacerola a fuego medio durante 40 minutos. Dejar de lado.
- Escurrir la soja. Mezclar con dhal y moler hasta obtener una pasta espesa.
- Mezclar esta masa con el resto de ingredientes, excepto el aceite, en una cacerola antiadherente. Cocine a fuego lento hasta que se seque.

- Divida la mezcla en bolas del tamaño de un limón y forme chuletas.
- Calentar el aceite en una olla. Freír las chuletas hasta que estén doradas.
- Servir caliente con chutney de menta

trigo como

(Snack Picante de Maíz)

Para 4 personas

Materia prima

200 g/7 oz de granos de maíz cocidos

100 g de cebolla tierna, finamente picada

1 patata, hervida, pelada y picada finamente

1 tomate, finamente picado

1 pepino, finamente picado

10 g/¼ oz de hojas de cilantro picadas

1 cucharadita de chaat masala*

2 cucharaditas de jugo de limón

1 cucharada de chutney de menta

Sal al gusto

Un método

- Mezclar todos los ingredientes en un bol para mezclar bien.
- Servir inmediatamente.

Methi Gota

(masa frita de fenogreco)

dar 20

Materia prima

500g/1lb 2oz besán*

Entero 45g/1½ oz

Yogur 125g/4½ oz

4 cucharadas de aceite vegetal refinado y un poco más para freír

2 cucharaditas de bicarbonato de sodio

50 g de hojas frescas de fenogreco, finamente picadas

50 g de hojas de cilantro finamente picadas

1 plátano maduro, pelado y triturado

1 cucharada de semillas de cilantro

10-15 pimienta negra

2 pimientos verdes

½ cucharadita de pasta de jengibre

½ cucharadita de garam masala

Pellizcar asafétida

1 cucharadita de pimienta en polvo

Sal al gusto

Un método
- Mezcla besan, harina y yogur.
- Agregue 2 cucharadas de aceite y bicarbonato de sodio. Deja que fermente durante 2-3 horas.
- Agregue todo lo demás excepto el aceite. Mezcle bien para formar una pasta espesa.
- Calentar 2 cucharadas de aceite y agregar a la masa. Mezcle bien y deje reposar durante 5 minutos.
- Calentar el aceite restante en una cacerola. Colocar cucharadas pequeñas de la masa en el aceite y freír hasta que estén doradas.
- Escurrir sobre toallas de papel. Servir caliente.

Ven a mí

(pastel de arroz al vapor)

Para 4 personas

Materia prima

500 g/1 lb 2 oz de arroz, remojado durante la noche

300 g/10 oz urad dhal*, empapado toda la noche

1 cucharada de sal

Una pizca de bicarbonato de sodio

Aceite vegetal refinado para lubricación

Un método

- Escurrir el arroz y el dhal y triturarlos juntos.
- Agregue sal y bicarbonato de sodio. Déjalo fermentar de 8 a 9 horas.
- Fondant de pastel de ranúnculo. Vierta la mezcla de arroz y dal en él para que cada uno esté medio lleno. Vapor durante 10-12 minutos.
- Retire los idlis. Servir caliente con chutney de coco

Ir más

(pastel de arroz al vapor especiado)

para 6 personas

Materia prima

500 g/1 lb 2 oz de arroz, remojado durante la noche

300 g/10 oz urad dhal*, empapado toda la noche

1 cucharada de sal

cucharadita: Cúrcuma

1 cucharada de azúcar en polvo

Sal al gusto

1 cucharada de aceite vegetal refinado

½ cucharadita de semillas de comino

½ cucharadita de semillas de mostaza

Un método

- Escurrir el arroz y el dhal y triturarlos juntos.
- Añadir la sal y dejar fermentar de 8 a 9 horas.
- Agregue la cúrcuma, el azúcar y la sal. Mezcle bien y deje reposar.
- Calentar el aceite en una olla. Agrega el comino y las semillas de mostaza. Déjalos temer durante 15 segundos.
- Agregue la mezcla de arroz y dal. Cubrir con una tapa y dejar cocer a fuego lento durante 10 minutos.
- Destape e invierta la mezcla. Tapar de nuevo y dejar cocer a fuego lento durante 5 minutos.
- Perfore idli con un tenedor. Si el tenedor sale limpio, el idli está listo.
- Cortar en trozos y servir caliente con chutney de coco.

almejas masala

dar 6

Materia prima

2 cucharaditas de aceite vegetal purificado

1 cebolla pequeña, finamente picada

cucharadita: Cúrcuma

1 tomate grande, finamente picado

1 patata grande, hervida y triturada

1 cucharada de frijoles cocidos

1 cucharadita de chaat masala*

Sal al gusto

10 g/¼ oz de hojas de cilantro picadas

50g/1 onza de mantequilla

12 rebanadas de pan

Un método

- Calentar el aceite en una olla. Añadir la cebolla y sofreír hasta que esté transparente.
- Agregue la cúrcuma y los tomates. Freír a fuego medio durante 2-3 minutos.
- Agregue papas, guisantes, chaat masala, sal y hojas de cilantro. Mezcle bien y cocine por un minuto a fuego lento. Dejar de lado.
- Unte con mantequilla las rebanadas de pan. Coloque una capa de mezcla de verduras en seis rebanadas. Ponga el resto de las rebanadas encima y cocine a la parrilla por 10 minutos. Dar la vuelta y asar de nuevo durante 5 minutos. Servir caliente.

brochetas de menta

dar 8

Materia prima

10 g/¼ oz de hojas de menta, finamente picadas

500 g/1 lb 2 oz de queso de cabra, escurrido

2 cucharaditas de maicena

10 anacardos, picados en trozos grandes

½ cucharadita de pimienta negra molida

1 cucharadita de amchoor*

Sal al gusto

Aceite vegetal refinado para freír

Un método

- Mezclar todos los ingredientes menos el aceite. Amasar en una masa suave pero firme. Dividir en 8 bolas del tamaño de un limón y aplanar.
- Calentar el aceite en una olla. Freír las brochetas a fuego medio hasta que estén doradas.
- Servir caliente con chutney de menta

Hierbas Sevia Upma

(Prueba los fideos de verduras)

Para 4 personas

Materia prima

5 cucharadas de aceite vegetal refinado

1 pimiento verde grande, finamente picado

cucharadita de semillas de mostaza

2 chiles verdes, cortados a lo largo

200 g / 7 oz de fideos

8 hojas de curry

Sal al gusto

Pellizcar asafétida

50 g/1¾ oz judías verdes, finamente picadas

1 zanahoria, finamente picada

50g/1¾oz guisantes congelados

1 cebolla grande, finamente picada

25 g/hojas pequeñas de cilantro, finamente picadas

Jugo de un limón (opcional)

Un método

- Calentar 2 cucharadas de aceite en una cacerola. Freír el pimiento verde durante 2-3 minutos. Dejar de lado.
- Calentar 2 cucharadas de aceite en otra sartén. Agregue las semillas de mostaza. Déjalos temer durante 15 segundos.
- Agregue el pimiento verde y los fideos. Freír durante 1 a 2 minutos a fuego medio, revolviendo ocasionalmente. Agregue hojas de curry, sal y asafétida.
- Rocíe un poco de agua y agregue pimientos verdes fritos, judías verdes, zanahorias, frijoles y cebollas. Mezcle bien y cocine durante 3-4 minutos a fuego medio.
- Tape y cocine por otro minuto.
- Espolvorear con hojas de cilantro y jugo de limón. Servir caliente con chutney de coco

Como

(bocadillo de arroz)

Para 4-6 personas

Materia prima

2 papas grandes, hervidas y cortadas en cubitos

2 cebollas grandes, finamente picadas

125 g/4½ oz de maní tostado

2 cucharadas de comino molido, asado seco

300g/10oz Como mezcla

Chutney de mango dulce caliente de 250 g/9 oz

60 g de chutney de menta

Sal al gusto

25 g/min de hojas de cilantro picadas

Un método

- Mezclar las patatas, las cebollas, las nueces y el comino molido con el Bhel Mix. Añadir el chutney y la sal. Revuelve para combinar.
- Decorar con hojas de cilantro. Servir inmediatamente.

sabudana khichdi

(Aperitivo de sagú con patatas y frutos secos)

para 6 personas

Materia prima

300 g/10 oz de sagú

250 ml/8 onzas líquidas de agua

250 g/9 oz de maní, molido grueso

Sal al gusto

2 cucharaditas de azúcar en polvo

25 g/min de hojas de cilantro picadas

2 cucharadas de aceite vegetal refinado

1 cucharadita de semillas de comino

5-6 chiles verdes, finamente picados

100 g / 3½ oz de papas, cocidas y cortadas en cubitos

Un método

- Remoje el sagú durante la noche en agua. Agregue los cacahuetes, la sal, el azúcar glas y las hojas de cilantro y mezcle bien. Dejar de lado.
- Calentar el aceite en una olla. Agregue las semillas de comino y los chiles verdes. Freír durante unos 30 segundos.
- Agrega las papas y fríelas de 1 a 2 minutos a fuego medio.
- Agregue la mezcla de sagú. Revuelva y mezcle bien.
- Cubrir con una tapa y dejar hervir a fuego lento durante 2-3 minutos. Servir caliente.

uno feo

(pastel al vapor simple)

dar 25

Materia prima

250g/9oz chana dhal*, remojada durante la noche y escurrida

2 pimientos verdes

1 cucharadita de pasta de jengibre

Pellizcar asafétida

½ cucharadita de bicarbonato de sodio

Sal al gusto

2 cucharadas de aceite vegetal refinado

½ cucharadita de semillas de mostaza

4-5 hojas de curry

4 cucharadas de coco fresco, rallado

10 g/¼ oz de hojas de cilantro picadas

Un método

- Moler el dhal en una pasta espesa. Déjalo fermentar de 6 a 8 horas.
- Agregue chiles verdes, pasta de jengibre, asafétida, bicarbonato de sodio, sal, 1 cucharada de aceite y un poco de agua. Mezclar bien.
- Engrasa un molde redondo de 20 cm y rellena con la masa.
- Vapor durante 10-12 minutos. Dejar de lado.
- Calentar el aceite restante en una cacerola. Agregue semillas de mostaza y hojas de curry. Déjalos temer durante 15 segundos.
- Viértalo sobre los dhoklas. Decorar con hojas de coco y cilantro. Cortar en trozos y servir caliente.

papas jaldi

Para 4 personas

Materia prima

2 cucharaditas de aceite vegetal purificado

1 cucharadita de semillas de comino

1 chile verde, picado

½ cucharadita de sal negra

1 cucharadita de amchoor*

1 cucharadita de cilantro molido

4 papas grandes, hervidas y cortadas en cubitos

2 cucharadas de hojas de cilantro picadas

Un método

- Calentar el aceite en una olla. Agrega las semillas de comino y saltea durante 15 segundos.
- Agregue todos los ingredientes restantes. Mezclar bien. Cocine a fuego lento durante 3-4 minutos. Servir caliente.

Dhokla naranja

(pastel de naranja al vapor)

dar 25

Materia prima

50 g/1¾ oz de sémola

250g/9oz besán*

8 fl oz/250 ml de crema agria

Sal al gusto

100 ml/3½ onzas líquidas de agua

4 dientes de ajo

1 centimetro de raiz de jengibre

3-4 pimientos verdes

100 g de zanahorias ralladas

cucharadita de bicarbonato de sodio

cucharadita: Cúrcuma

Aceite vegetal refinado para lubricación

1 cucharadita de semillas de mostaza

10-12 hojas de curry

50 g de coco rallado

25 g/hojas pequeñas de cilantro, finamente picadas

Un método
- Mezcle sémola, besan, crema agria, sal y agua. Déjalo fermentar durante la noche.
- Machaca el ajo, el jengibre y el pimentón juntos.
- Añadir a la masa fermentada junto con la zanahoria, el bicarbonato de sodio y la cúrcuma. Mezclar bien.
- Engrasa un molde redondo de 20 cm con un poco de aceite. Vierta la masa en él. Cocer al vapor durante unos 20 minutos. Enfriar y cortar en trozos.
- Calentar un poco de aceite en una olla. Agregue semillas de mostaza y hojas de curry. Freírlos durante 30 segundos. Viértalo sobre las piezas de dhokla.
- Decorar con hojas de coco y cilantro. Servir caliente.

chou muthía

(trozos de col al vapor)

Para 4 personas

Materia prima

250 g/9 oz de harina de trigo integral

100 g/3½ oz de repollo rallado

½ cucharadita de pasta de jengibre

½ cucharadita de pasta de ajo

Sal al gusto

2 cucharaditas de azúcar

1 cucharada de jugo de limón

2 cucharadas de aceite vegetal refinado

1 cucharadita de semillas de mostaza

1 cucharada de hojas de cilantro picadas

Un método
- Mezcle la harina, el repollo, la pasta de jengibre, la pasta de ajo, la sal, el azúcar, el jugo de limón y 1 cucharada de aceite y amase hasta obtener una masa suave.
- Hacer 2 rollos largos con la masa. Cocer al vapor durante 15 minutos. Enfriar y cortar en rodajas. Dejar de lado.
- Calentar el aceite restante en una cacerola. Agregue las semillas de mostaza. Déjalos temer durante 15 segundos.
- Agregue los rollos picados y fríalos a fuego medio hasta que se doren. Decorar con hojas de cilantro y servir caliente.

Rava Dhokla

(pastel de sémola al vapor)

Hecho 15-18

Materia prima

200 g/7 oz de sémola

8 fl oz/240 ml de crema agria

2 cucharaditas de chile verde

Sal al gusto

1 cucharadita de pimiento rojo en polvo

1 cucharadita de pimienta negra molida

Un método

- Mezcle la sémola y la crema agria. Fermentación durante 5-6 horas.
- Añadir el pimiento verde y la sal. Mezclar bien.
- Poner la mezcla de sémola en un bizcocho redondo de 20 cm. Espolvorear con chile en polvo y pimienta. Cocer al vapor durante 10 minutos.
- Cortar en trozos y servir caliente con chutney de menta

Chapatti Upma

(Aperitivo rápido de chapatti)

Para 4 personas

Materia prima

6 chapatis restantes, partidos en pedazos pequeños

2 cucharadas de aceite vegetal refinado

cucharadita de semillas de mostaza

10-12 hojas de curry

1 cebolla mediana, picada

2-3 chiles verdes, finamente picados

cucharadita: Cúrcuma

Jugo de 1 limón

1 cucharadita de azúcar

Sal al gusto

10 g/¼ oz de hojas de cilantro picadas

Un método

- Calentar el aceite en una olla. Agregue las semillas de mostaza. Déjalos temer durante 15 segundos.
- Agregue las hojas de curry, la cebolla, el chile y la cúrcuma. Freír a fuego medio hasta que la cebolla tome un color marrón claro. Agregue chapatis.
- Espolvorear con jugo de limón, azúcar y sal. Mezclar bien y cocinar a fuego medio durante 5 minutos. Decorar con hojas de cilantro y servir caliente.

Mung Dhokla

(pastel mung al vapor)

Hace alrededor de 20

Materia prima

250g/9oz mungo dhal*, remojar durante dos horas

150 ml de crema agria

2 cucharadas de agua

Sal al gusto

2 zanahorias ralladas o 25g/repollo rallado 1oz

Un método

- Escurrir el dhal y moler.
- Agregue la crema agria y el agua y déjelo fermentar durante 6 horas. Agregue sal y mezcle bien para hacer una pasta.
- Engrasar un molde redondo de 20 cm de diámetro y verter la masa en él. Espolvorear con zanahorias o repollo. Vapor durante 7-10 minutos.
- Cortar en trozos y servir con chutney de menta

Chuleta de carne Mughlai

(Rica chuleta de carne)

dar 12

Materia prima

1 cucharadita de pasta de jengibre

1 cucharadita de pasta de ajo

Sal al gusto

500 g/1 lb 2 oz de cordero deshuesado, picado

240 ml/8 onzas líquidas de agua

1 cucharada de comino molido

cucharadita: Cúrcuma

Aceite vegetal refinado para freír

2 huevos batidos

50 g de pan rallado

Un método

- Mezcle la pasta de jengibre, la pasta de ajo y la sal. Marinar el cordero con esta mezcla durante dos horas.
- En una olla, cocina el cordero con agua a fuego medio hasta que esté cocido. Reserve el caldo y reserve el cordero.
- Agregue el comino y la cúrcuma al caldo. Mezclar bien.
- Transfiera el caldo a una olla y déjelo hervir a fuego lento hasta que el agua se evapore. Marinar de nuevo el cordero con esta mezcla durante 30 minutos.
- Calentar el aceite en una olla. Sumerja cada trozo de cordero en huevo batido, páselo por pan rallado y fríalo hasta que esté ligeramente dorado. Servir caliente.

masala vada

(masa frita picante)

dar 15

Materia prima

300g/10oz chana dhal*, sumergir en 500 ml de agua durante 3-4 horas

50 g/1¾ oz de cebolla, finamente picada

25 g/min de hojas de cilantro picadas

25 g/hojas pequeñas de eneldo, finamente picadas

½ cucharadita de semillas de comino

Sal al gusto

3 cucharadas de aceite vegetal refinado y un poco más para freír

Un método

- Moler el dhal en trozos grandes. Mezclar con todos los ingredientes, excepto el aceite.
- Agregue 3 cucharadas de aceite a la mezcla de dhal. Hacer tortas redondas y planas.
- Calentar el aceite restante en una sartén. Freír los pasteles. Servir caliente.

Repollo Shivda

(Merienda col y arroz)

Para 4 personas

Materia prima

100 g/3½ oz de repollo, finamente picado

Sal al gusto

3 cucharadas de aceite vegetal refinado

125 g / 4½ oz de maní

150 g/5½ oz chana dhal*, frito

1 cucharadita de semillas de mostaza

Pellizcar asafétida

poha de 200 g/7 oz*, remojo en agua

1 cucharadita de pasta de jengibre

4 cucharaditas de azúcar

1½ cucharada de jugo de limón

25 g/min de hojas de cilantro picadas

Un método

- Mezclar la col con la sal y dejar actuar 10 minutos.
- Caliente 1 cucharada de aceite en una sartén. Freír los cacahuetes y el chana dhal durante 2 minutos a fuego medio. Escurrir y almacenar.
- Calentar el aceite restante en una sartén. Freír las semillas de mostaza, la asafétida y la col durante 2 minutos. Rocíe un poco de agua, cubra con una tapa y cocine a fuego lento durante 5 minutos. Agregue poha, pasta de jengibre, azúcar, jugo de limón y sal. Mezcle bien y cocine por 10 minutos.
- Adorne con hojas de cilantro, maní tostado y dhal. Servir caliente.

Pan Besan Bhajji

(Bocadillo de harina de pan y gramo)

da 32

Materia prima

175g/6oz besán*

1250 ml/5 onzas líquidas de agua

½ cucharadita de semillas de ajwain

Sal al gusto

Aceite vegetal refinado para freír

8 rebanadas de pan, cortadas por la mitad

Un método

- Haga una pasta espesa mezclando besan con agua. Agregue semillas de ajwain y sal. Golpea bien.
- Calienta el aceite en el sarten. Sumergir los trozos de pan en la masa y freír hasta que estén dorados. Servir caliente.

Methi Seekh Kebab

(Lanzas de menta con hojas de fenogreco)

Acuerdo 8-10

Materia prima

100 g/3½ oz de hojas de fenogreco picadas

3 papas grandes, hervidas y en puré

1 cucharadita de pasta de jengibre

1 cucharadita de pasta de ajo

4 chiles verdes, finamente picados

1 cucharadita de comino molido

1 cucharadita de cilantro molido

½ cucharadita de garam masala

Sal al gusto

2 cucharadas de pan rallado

Aceite vegetal refinado para cepillar

Un método

- Mezclar todos los ingredientes excepto el aceite. Forme moldes para hornear.

- Metemos en el horno y cocinamos en una parrilla de carbón, rociamos con aceite y damos la vuelta de vez en cuando. Servir caliente.

Jhinga Hariyali

(camarón verde)

dar 20

Materia prima

Sal al gusto

Jugo de 1 limón

20 langostinos, pelados y desvenados (dejar los langostinos)

75 g de hojas de menta finamente picadas

75 g/2½ oz de hojas de cilantro picadas

1 cucharadita de pasta de jengibre

1 cucharadita de pasta de ajo

Una pizca de garam masala

1 cucharada de aceite vegetal refinado

1 cebolla pequeña, picada

Un método

- Frote la sal y el jugo de limón sobre las gambas. Ponga a un lado durante 20 minutos.
- Triture 50 g de hojas de menta, 50 g de hojas de cilantro, pasta de jengibre, pasta de ajo y garam masala.
- Agregue los camarones y déjelos reposar durante 30 minutos. Rociar aceite por encima.
- Escurra los camarones y cocínelos en una parrilla de carbón, volteándolos ocasionalmente.
- Adorne con el resto de las hojas de cilantro y menta, y la cebolla picada. Servir caliente.

Methi Adai

(tortita de fenogreco)

Hecho 20-22

Materia prima

100g/3½ onzas de arroz

100 g/3½ oz de urad dhal*

100 g/3½ oz de frijol mungo*

100 g/3½ oz chana dhal*

100 g/3½ oz masor dhal*

Pellizcar asafétida

6-7 hojas de curry

Sal al gusto

50 g de hojas frescas de fenogreco, picadas

Aceite vegetal refinado para lubricación

Un método

- Remoje el arroz y los dhals juntos durante 3-4 horas.
- Escurra el arroz y el dhal y agregue asafétida, hojas de curry y sal. Tritúralo grueso y déjalo fermentar durante 7 horas. Añade las hojas de fenogreco.
- Engrasa una sartén y caliéntala. Agrega una cucharada de la mezcla fermentada y extiende hasta formar una tortita. Rocíe un poco de aceite alrededor de los bordes y cocine a fuego medio durante 3-4 minutos. Voltee y cocine por otros 2 minutos.
- Repita con el resto de la masa. Servir caliente con chutney de coco

Chaat de guisantes

Para 4 personas

Materia prima

2 cucharaditas de aceite vegetal purificado

½ cucharadita de semillas de comino

300g/10oz judías verdes enlatadas

½ cucharadita de amchoor*

cucharadita: Cúrcuma

una cucharadita de garam masala

1 cucharadita de jugo de limón

5 cm de raíz de jengibre, pelada y picada

Un método

- Calentar el aceite en una olla. Agrega las semillas de comino y saltea durante 15 segundos. Agregue frijoles, amchoor, cúrcuma y garam masala. Mezcle bien y cocine durante 2-3 minutos, revolviendo ocasionalmente.
- Adorne con jugo de limón y jengibre. Servir caliente.

Shingada

(Salado bengalí)

Acuerdo 8-10

Materia prima

2 cucharadas de aceite vegetal purificado y un poco más para freír

1 cucharadita de semillas de comino

200 g/7 oz frijoles cocidos

2 papas, hervidas y en rodajas

1 cucharadita de cilantro molido

Sal al gusto

Para la masa:

350 g/12 oz de harina blanca normal

una cucharadita de sal

un poco de agua

Un método

- Calentar 2 cucharadas de aceite en una cacerola. Agregue semillas de comino. Déjalos temer durante 15 segundos. Agregue los frijoles, las papas, el cilantro molido y la sal. Mezclar bien y cocinar a fuego medio durante 5 minutos. Dejar de lado.
- Hacer conos de masa con la masa, como en la receta de Patata Samosa. Rellena los conos con la mezcla de verduras y ciérralos.
- Calentar el aceite restante en una sartén. Freír los conos a fuego medio hasta que estén dorados. Servir caliente con chutney de menta

Cebolla Bhajia

(aros de cebolla)

dar 20

Materia prima

250g/9oz besán*

4 cebollas grandes, en rodajas finas

Sal al gusto

½ cucharadita de cúrcuma

5 onzas líquidas/150 ml de agua

Aceite vegetal refinado para freír

Un método

- Mezcla besan, cebolla, sal y cúrcuma. Añade agua y mezcla bien.
- Calienta el aceite en el sarten. Añadir cucharadas de la mezcla y freír hasta que estén doradas. Escurrir sobre toallas de papel y servir caliente.

Bagani Murgh

(Pollo con puré de anacardos)

dar 12

Materia prima

500 g/1 lb 2 oz de pollo deshuesado, cortado en cubos

1 cebolla pequeña, picada

1 tomate, picado

1 pepino, en rodajas

1 cucharadita de pasta de jengibre

1 cucharadita de pasta de ajo

2 chiles verdes, finamente picados

10g/¼oz hojas de menta, molidas

10g/¼oz hojas de cilantro, molidas

Sal al gusto

Para los pepinillos:

6-7 anacardos, molidos en una pasta

2 cucharadas de nata líquida

Un método

- Mezcla los ingredientes para la marinada. Marinar el pollo con esta mezcla durante 4 a 5 horas.
- Freír y cocinar en una parrilla de carbón, volteando ocasionalmente.
- Adorne con cebollas, tomates y pepinos. Servir caliente.

teletipo de patata

(Pasteles de papa)

dar 12

Materia prima

4 papas grandes, hervidas y en puré

1 cucharadita de pasta de jengibre

1 cucharadita de pasta de ajo

Jugo de 1 limón

1 cebolla grande, finamente picada

25 g/min de hojas de cilantro picadas

¼ cucharadita de pimienta en polvo

Sal al gusto

2 cucharadas de harina de arroz

3 cucharadas de aceite vegetal refinado

Un método

- Mezcla las papas con la pasta de jengibre, la pasta de ajo, el jugo de limón, la cebolla, las hojas de cilantro, el chile en polvo y la sal. Amasar bien. Forme moldes para hornear.
- Espolvorear las tortas con harina de arroz.
- Calienta el aceite en el sarten. Freír las tortas a fuego medio hasta que estén doradas. Escurrir y servir caliente con chutney de menta.

batata vada

(tortas de patatas fritas)

Devoluciones 12-14

Materia prima

1 cucharadita de aceite vegetal refinado y un poco más para freír

½ cucharadita de semillas de mostaza

½ cucharadita de urad dhal*

½ cucharadita de cúrcuma

5 papas, hervidas y en puré

Sal al gusto

Jugo de 1 limón

250g/9oz besán*

Pellizcar asafétida

120 ml de agua

Un método

- Caliente 1 cucharadita de aceite en una sartén. Agregue semillas de mostaza, urad dhal y cúrcuma. Déjalos temer durante 15 segundos.
- Verterlo sobre las patatas. También agregue sal y jugo de limón. Mezclar bien.
- Divide la mezcla de papas en bolas del tamaño de una nuez. Dejar de lado.
- Mezcle besan, asafétida, sal y agua para hacer una pasta.
- Calentar el aceite restante en una sartén. Sumergir las bolas de patata en la masa y freír hasta que estén doradas. Escurrir y servir con chutney de menta.

Brocheta pequeña de pollo

dar 8

Materia prima

350 g/12 oz de pollo desmenuzado

125 g/4½ oz de besán*

1 cebolla grande, finamente picada

½ cucharadita de pasta de jengibre

½ cucharadita de pasta de ajo

1 cucharadita de jugo de limón

¼ de cucharadita de polvo de cardamomo verde

1 cucharada de hojas de cilantro picadas

Sal al gusto

1 cucharada de semillas de sésamo

Un método

- Mezclar todos los ingredientes excepto las semillas de sésamo.
- Dividir la mezcla en bolitas y espolvorear con semillas de sésamo.
- Hornee a 190 °C (375 °F, gas 5) durante 25 minutos. Servir caliente con chutney de menta.

Bucear

dar 12

Materia prima

2 cucharadas de aceite vegetal purificado y un poco más para fritura básica

2 cebollas pequeñas, finamente picadas

2 zanahorias, finamente picadas

600g/1lb 5oz masor dhal*

500 ml/16 onzas líquidas de agua

2 cucharadas de cilantro molido

Sal al gusto

25 g/min de hojas de cilantro picadas

100 g de pan rallado

2 cucharadas de harina blanca normal

1 huevo duro

Un método

- Caliente 1 cucharada de aceite en una sartén. Agrega las cebollas y las zanahorias y fríe a fuego medio durante 2-3 minutos, revolviendo con frecuencia. Agregue masoor dhal, agua, cilantro molido y sal. Cocine a fuego lento durante 30 minutos, revolviendo.
- Añade las hojas de cilantro y la mitad del pan rallado. Mezclar bien.
- Formar una salchicha y cubrir con harina. Sumergir las albóndigas en el huevo batido y rebozarlas en el pan rallado restante. Dejar de lado.
- Calentar el aceite restante. Freír las albóndigas hasta que estén doradas, dándoles la vuelta una vez. Servir caliente con chutney de coco verde.

Poha nutritivo

Para 4 personas

Materia prima

1 cucharada de aceite vegetal refinado

125 g / 4½ oz de maní

1 cebolla, finamente picada

cucharadita: Cúrcuma

Sal al gusto

1 papa, hervida y picada

poha de 200 g/7 oz*, remojado durante 5 minutos y escurrido

1 cucharadita de jugo de limón

1 cucharada de hojas de cilantro picadas

Un método

- Calentar el aceite en una olla. Freír las nueces, la cebolla, la cúrcuma y la sal a fuego medio durante 2-3 minutos.
- Agregue papas y poha. Revuelva a fuego lento hasta que la mezcla esté suave.
- Adorne con jugo de limón y hojas de cilantro. Servir caliente.

Frijoles desagradables

(frijoles en salsa picante)

Para 4 personas

Materia prima

300g/10oz masor dhal*, sumergir en agua caliente durante 20 minutos

cucharadita: Cúrcuma

Sal al gusto

50 g/1¾ oz judías verdes, finamente picadas

240 ml/8 onzas líquidas de agua

1 cucharada de aceite vegetal refinado

cucharadita de semillas de mostaza

Pocas hojas de curry

Sal al gusto

Un método

- Mezcle dhal, cúrcuma y sal. Moler en una pasta gruesa.
- Vapor durante 20-25 minutos. Deja que se enfríe durante 20 minutos. Triturar la mezcla con los dedos. Dejar de lado.
- Cuece las judías verdes con agua y un poco de sal en una cacerola a fuego medio hasta que estén blandas. Dejar de lado.
- Calentar el aceite en una olla. Agregue las semillas de mostaza. Déjalos temer durante 15 segundos. Agregue hojas de curry y dhal triturado.
- Cocine a fuego lento durante unos 3-4 minutos a fuego medio hasta que esté suave. Agregue los frijoles cocidos y mezcle bien. Servir caliente.

Pan Chutney Pakoda

Para 4 personas

Materia prima

250g/9oz besán*

5 onzas líquidas/150 ml de agua

½ cucharadita de semillas de ajwain

125 g de chutney de menta

12 rebanadas de pan

Aceite vegetal refinado para freír

Un método

- Mezcle el besan con agua para hacer una masa como una mezcla para panqueques. Agregue las semillas de ajwain y revuelva ligeramente. Dejar de lado.
- Extienda el chutney de menta en un trozo de pan y coloque otro encima. Repita para todas las rebanadas de pan. Córtalos por la mitad en diagonal.
- Calienta el aceite en el sarten. Añadir las almejas a la masa y freír a fuego medio hasta que estén doradas. Servir caliente con salsa de tomate.

Delicia de Methi Khakra

(bocadillos de fenogreco)

da 16

Materia prima

50 g de hojas frescas de fenogreco, finamente picadas

300 g/10 oz de harina de trigo integral

1 cucharadita de pimienta en polvo

cucharadita: Cúrcuma

½ cucharadita de cilantro molido

1 cucharada de aceite vegetal refinado

Sal al gusto

120 ml de agua

Un método

- Mezcla todos los ingredientes juntos. Amasar en una masa suave pero firme.
- Divide la masa en 16 bolas del tamaño de un limón. Enrolle en discos muy delgados.
- Calentar una sartén plana. Coloque los platos en la sartén plana y cocine hasta que estén crujientes. Repite por el otro lado. Almacenar en un recipiente hermético.

Picar verde

dar 12

Materia prima

200 g / 7 oz de espinacas, finamente picadas

4 papas, hervidas y en puré

200g/7oz mungo dhal*, hervida y hecha puré

25 g/min de hojas de cilantro picadas

2 chiles verdes, finamente picados

1 cucharadita de garam masala

1 cebolla grande, finamente picada

Sal al gusto

1 cucharadita de pasta de ajo

1 cucharadita de pasta de jengibre

Aceite vegetal refinado para freír

250 g/9 oz de pan rallado

Un método

- Mezcla las espinacas y las patatas. Agregue mung dhal, hojas de cilantro, chiles verdes, garam masala, cebolla, sal, pasta de ajo y pasta de jengibre. Amasar bien.
- Divide la mezcla en porciones del tamaño de una nuez y dale forma a cada chuleta.
- Calienta el aceite en el sarten. Pasar las chuletas por pan rallado y freír hasta que estén doradas. Servir caliente.

manovo

(sabrosos pasteles de trigo sarraceno)

Para 4 personas

Materia prima

100 g/3½ oz de sémola

125 g/4½ oz de besán*

200 g / 7 oz de yogur

calabaza de botella 25g/1oz, rallada

1 zanahoria, rallada

25g/1oz judías verdes pequeñas

½ cucharadita de cúrcuma

½ cucharadita de pimienta en polvo

½ cucharadita de pasta de jengibre

½ cucharadita de pasta de ajo

1 chile verde, finamente picado

Sal al gusto

Pellizcar asafétida

½ cucharadita de bicarbonato de sodio

4 cucharadas de aceite vegetal refinado

cucharadita de semillas de mostaza

½ cucharadita de semillas de sésamo

Un método

- Mezcle la sémola, el besan y el yogur en una olla. Agregue la calabaza rallada y la zanahoria y los frijoles.
- Agregue cúrcuma, chile en polvo, pasta de jengibre, pasta de ajo, chile verde, sal y asafétida para hacer la pasta. Debe tener la consistencia de la masa de pastel. Alternativamente, agregue unas cucharadas de agua.
- Agregue el bicarbonato de sodio y mezcle bien. Dejar de lado.
- Calentar el aceite en una olla. Agrega la mostaza y las semillas de sésamo. Déjalos temer durante 15 segundos.
- Vierta la masa en la sartén. Cubrir con una tapa y dejar hervir a fuego lento durante 10-12 minutos.
- Destape y gire suavemente la masa endurecida con una espátula. Tape nuevamente y cocine a fuego lento durante otros 15 minutos.
- Pinchar con un tenedor para comprobar si está hecho. Si está levantada, la horquilla saldrá limpia. Servir caliente.

Pasteles de plátano con especias

Para 4 personas

Materia prima

4 plátanos sin madurar

125 g/4½ oz de besán*

75 ml de agua

½ cucharadita de pimienta en polvo

cucharadita: Cúrcuma

½ cucharadita de amchoor*

Sal al gusto

Aceite vegetal refinado para freír

Un método

- Cocine al vapor los plátanos con su piel durante 7 a 8 minutos. Pelar y cortar. Dejar de lado.
- Mezcla todos los ingredientes restantes, excepto el aceite, hasta formar una pasta espesa. Dejar de lado.
- Calienta el aceite en el sarten. Sumergir las rodajas de plátano en la masa y freír a fuego medio hasta que estén doradas.
- Servir caliente con chutney de menta

masala dosa

(Panqueque relleno de papa picante)

Hace 10-12

Materia prima

2 cucharadas de aceite vegetal refinado

½ cucharada de úrad dhal*

½ cucharadita de semillas de comino

½ cucharadita de semillas de mostaza

2 cebollas grandes, en rodajas finas

cucharadita: Cúrcuma

Sal al gusto

2 papas grandes, hervidas y picadas

1 cucharada de hojas de cilantro picadas

Dosa fresca Sada

Un método

- Calentar el aceite en una olla. Agregue semillas de urad dhal, comino y mostaza. Déjalos temer durante 15 segundos. Añadir la cebolla y sofreír hasta que esté transparente.

- Agregue la cúrcuma, la sal, las papas y las hojas de cilantro. Mezclar bien y retirar del fuego.
- Coloque una cucharada de esta mezcla de papas en el centro de cada sada dosa.

- Dobla en un triángulo para cubrir la mezcla de papas. Servir caliente con chutney de coco

brochetas de soya

dar 2

Materia prima

500 g / 1 lb 2 oz de frijoles de soya, remojados durante la noche

1 cebolla, finamente picada

3-4 dientes de ajo

raíz de jengibre de 2,5 cm/1 pulgada

1 cucharadita de jugo de limón

2 cucharaditas de hojas de cilantro, picadas

2 cucharadas de almendras remojadas y picadas

½ cucharadita de garam masala

½ cucharadita de pimienta en polvo

1 cucharadita de chaat masala*

Aceite vegetal refinado para fritura básica

Un método

- Escurrir los trozos de soja. Agregue todo lo demás excepto el aceite. Muela hasta obtener una pasta espesa y refrigere por 30 minutos.
- Divide la mezcla en bolas del tamaño de una nuez y aplástalas.
- Calienta el aceite en el sarten. Añadir las brochetas y freír hasta que estén doradas. Servir caliente con chutney de menta

Sémola Idli

(Pastel de Sémola)

dar 12

Materia prima
4 cucharaditas de aceite vegetal refinado

150 g/5½ oz de sémola

120 ml de crema agria

cucharadita de semillas de mostaza

cucharadita de semillas de comino

5 chiles verdes, picados

1 cm/½ en raíz de jengibre, rallada

4 cucharadas de hojas de cilantro, finamente picadas

Sal al gusto

4-5 hojas de curry

Un método

- Calentar una cucharadita de aceite en una cacerola. Añadir la sémola y freír durante 30 segundos. Agregue crema agria. Dejar de lado.
- Calentar el aceite restante en una sartén. Agregue semillas de mostaza, semillas de comino, chiles verdes, jengibre, hojas de cilantro, sal y hojas de curry. Freír durante 2 minutos.
- Añádelo a la mezcla de sémola. Déjalo durante 10 minutos.
- Vierta la mezcla de sémola en moldes para idli engrasados o moldes para cupcakes. Cocer al vapor durante 15 minutos. Retire de los moldes. Servir caliente.

Chuleta con huevos y patatas

Para 4 personas

Materia prima

4 huevos duros, revueltos

2 papas, hervidas y en puré

½ cucharadita de pimienta negra molida

2 chiles verdes, picados

½ pulgada/1 cm de raíz de jengibre, finamente picada

2 dientes de ajo, finamente picados

½ cucharadita de jugo de limón

Sal al gusto

Aceite vegetal refinado para fritura básica

Un método

- Mezclar todos los ingredientes excepto el aceite.
- Divida en bolas del tamaño de una nuez y presione para formar hamburguesas.
- Calentar el aceite en una olla. Añadir las chuletas y freír hasta que estén doradas.
- Servir caliente.

Shivda

(mezcla de arroz seco)

Para 4 personas

Materia prima

2 cucharadas de aceite vegetal refinado

1 cucharadita de semillas de mostaza

½ cucharadita de semillas de comino

½ cucharadita de cúrcuma

8 hojas de curry

750g/1lb 10oz poha*

125 g / 4½ oz de maní

75g/2½ oz chana dhal*, frito

1 cucharada de azúcar en polvo

Sal al gusto

Un método

- Calentar el aceite en una olla. Agregue semillas de mostaza, semillas de comino, cúrcuma y hojas de curry. Déjalos temer durante 15 segundos.
- Agregue todos los ingredientes restantes y fría durante 4-5 minutos a fuego lento.
- Deje que se enfríe por completo. Almacenar en un recipiente hermético.

NOTA:*Esto se puede almacenar hasta por 15 días.*

pan bhajjia

(rosquilla de pan)

Para 4 personas

Materia prima

85 g/3 oz de harina de maíz

1 cebolla, finamente picada

½ cucharadita de pimienta en polvo

1 cucharadita de cilantro molido

Sal al gusto

75 ml de agua

8 rebanadas de pan, cortadas en cuartos

Aceite vegetal refinado para freír

Un método

- Mezclar todos los ingredientes, excepto el pan y el aceite, hasta formar una masa espesa.
- Calienta el aceite en el sarten. Sumergir los trozos de pan en la masa y freír hasta que estén dorados.
- Sirva caliente con ketchup o chutney de menta.

huevo Masala

Para 4 personas

Materia prima

2 cebollas pequeñas, picadas

2 chiles verdes, picados

2 cucharadas de aceite vegetal refinado

1 cucharadita de pasta de jengibre

1 cucharadita de pasta de ajo

1 cucharadita de pimienta en polvo

½ cucharadita de cúrcuma

1 cucharadita de cilantro molido

1 cucharadita de comino molido

½ cucharadita de garam masala

2 tomates, finamente picados

2 cucharadas de besán*

Sal al gusto

25 g/hojas pequeñas de cilantro, finamente picadas

8 huevos, cocidos y partidos por la mitad

Un método
- Moler las cebollas picadas y los chiles verdes juntos para hacer una pasta áspera.
- Calentar el aceite en una olla. Agrega esta pasta junto con la pasta de jengibre, la pasta de ajo, el chile en polvo, la cúrcuma, el cilantro molido, el comino molido y el garam masala. Mezclar bien y freír durante 3 minutos, revolviendo constantemente.
- Añadir los tomates y sofreír durante 4 minutos.
- Agregue besan y sal. Mezclar bien y freír durante otro minuto.
- Añade las hojas de cilantro y fríe durante otros 2-3 minutos a fuego medio.
- Agregue los huevos y mezcle suavemente. El masala debe cubrir bien los huevos por todos lados. Cocine a fuego lento durante 3-4 minutos.
- Servir caliente.

Gambas Pakoda

(bocadillo de gambas fritas)

Para 4 personas

Materia prima

250 g de gambas gambas, peladas y pescadas

Sal al gusto

375g/13oz besán*

1 cucharadita de pasta de jengibre

1 cucharadita de pasta de ajo

½ cucharadita de cúrcuma

1 cucharadita de garam masala

5 onzas líquidas/150 ml de agua

Aceite vegetal refinado para freír

Un método

- Marinar las gambas con sal durante 20 minutos.
- Agrega el resto de los ingredientes, excepto el aceite.
- Agregue suficiente agua para formar una pasta espesa.
- Calentar el aceite en una olla. Añadir cucharadas pequeñas de masa y freír a fuego medio hasta que estén doradas. Escurrir sobre toallas de papel.
- Servir caliente con chutney de menta.

Dip de queso

para 6 personas

Materia prima

2 cucharadas de harina blanca normal

240 ml/8 onzas líquidas de leche

4 cucharadas de mantequilla

1 cebolla mediana, finamente picada

Sal al gusto

150 g/5½ oz de queso de cabra, escurrido

150 g/5½ oz de queso cheddar, rallado

12 rebanadas de pan

2 huevos batidos

Un método

- Mezclar la harina, la leche y una cucharada de mantequilla en una olla. Llevar a ebullición, asegurándose de que no se formen grumos. Cocine a fuego lento hasta que la mezcla espese. Dejar de lado.
- Calentar el resto de la mantequilla en una cacerola. Sofreír la cebolla a fuego medio hasta que esté blanda.
- Agrega la sal, el queso de cabra, el queso cheddar y la mezcla de harina. Mezcle bien y deje reposar.
- Unte con mantequilla las rebanadas de pan. Extienda una cucharadita de la mezcla de queso en 6 rebanadas y coloque las 6 rebanadas restantes encima.
- Cepille la parte superior de estos sándwiches con huevo batido.
- Hornear en horno precalentado a 180°C (350°F/termómetro 6) de 10 a 15 minutos hasta que estén doradas. Servir caliente con salsa de tomate.

mysore-bonda

(bollo de trigo frito del sur de la India)

dar 12

Materia prima

175 g/6 oz de harina blanca normal

1 cebolla pequeña, finamente picada

1 cucharada de harina de arroz

120 ml de crema agria

Una pizca de bicarbonato de sodio

2 cucharadas de hojas de cilantro picadas

Sal al gusto

Aceite vegetal refinado para freír

Un método

- Preparar la masa mezclando todos los ingredientes, excepto el aceite. Ponga a un lado durante 3 horas.
- Calienta el aceite en el sarten. Poner cucharadas de masa en ella y freír a fuego medio hasta que estén doradas. Servir caliente con salsa de tomate.

Radhballabhi

(Rollos salados bengalíes)

Devoluciones 12-15

Materia prima

4 cucharadas de mung dhal*

4 cucharadas de chana dhal*

4 clavos

3 vainas de cardamomo verde

½ cucharadita de semillas de comino

3 cucharadas de ghee y extra para freír

Sal al gusto

350 g/12 oz de harina blanca normal

Un método

- Remoje el dal durante la noche. Escurrir el agua y reducir a una pasta. Dejar de lado.
- Machaca los clavos, el cardamomo y las semillas de comino.
- Caliente 1 cucharada de ghee en una sartén. Freír las especias molidas durante 30 segundos. Agregue la

pasta de dhal y la sal. Freír a fuego medio hasta que se seque. Dejar de lado.

- Amasar la harina con 2 cucharadas de ghee, sal y suficiente agua para hacer una masa firme. Divida en bolas del tamaño de un limón. Enrolle en platos y coloque bolas de dhal frito en el centro de cada uno. Sella como un jarrón.
- Enrolle la bolsa en un puris grueso, cada 10 cm de diámetro. Dejar de lado.
- Calentar el ghee en una olla. Freír los puris hasta que estén dorados.
- Escurrir sobre toallas de papel y servir caliente.

medou vada

(lechuga frita)

Para 4 personas

Materia prima

300 g/10 oz urad dhal*, remojado durante 6 horas

Sal al gusto

¼ de cucharadita de asafétida

8 hojas de curry

1 cucharadita de semillas de comino

1 cucharadita de pimienta negra molida

Verduras limpias para freír

Un método

- Escurra el urad dhal y tritúrelo hasta obtener una pasta espesa y seca.
- Agregue todos los ingredientes restantes, excepto el aceite, y mezcle bien.
- Moja tus palmas. Hacer una bola del tamaño de un limón con la masa, aplanarla y hacer un hueco en el medio a modo de donut. Repita con el resto de la masa.
- Calienta el aceite en el sarten. Freír las zancudas hasta que estén doradas.
- Servir caliente con sambhar.

tortilla de tomate

dar 10

Materia prima

2 tomates grandes, finamente picados

180g/6½ oz de besán*

85g/3oz entero

2 cucharadas de sémola

1 cebolla grande, finamente picada

½ cucharadita de pasta de jengibre

½ cucharadita de pasta de ajo

cucharadita: Cúrcuma

½ cucharadita de pimienta en polvo

1 cucharadita de cilantro molido

½ cucharadita de comino molido, asado en seco

25 g/min de hojas de cilantro picadas

Sal al gusto

120 ml de agua

Verduras limpias para untar

Un método

- Mezcle todos los ingredientes, excepto el aceite, para hacer una pasta espesa.
- Unte con mantequilla y caliente una sartén plana. Extender una cucharada de masa por encima.
- Vierta un poco de aceite alrededor de la tortilla, cubra con una tapa y cocine a fuego medio durante 2 minutos. Vuelve y repite. Repita con el resto de la masa.
- Servir caliente con ketchup o chutney de menta

Bhuri de huevo

(huevos sazonados)

Para 4 personas

Materia prima

4 cucharadas de aceite vegetal refinado

½ cucharadita de semillas de comino

2 cebollas grandes, finamente picadas

8 dientes de ajo, finamente picados

½ cucharadita de cúrcuma

3 chiles verdes, finamente picados

2 tomates, finamente picados

Sal al gusto

8 huevos batidos

10 g/¼ oz de hojas de cilantro picadas

Un método

- Calentar el aceite en una olla. Agregue semillas de comino. Déjalos temer durante 15 segundos. Añadimos la cebolla y sofreímos a fuego medio hasta que esté transparente.
- Agregue el ajo, la cúrcuma, el pimiento verde y los tomates. Freír durante 2 minutos. Agregue los huevos y cocine, revolviendo constantemente, hasta que los huevos estén cocidos.
- Decorar con hojas de cilantro y servir caliente.

Batir los huevos

dar 8

Materia prima

8 fl oz/240 ml de aceite vegetal purificado

1 cebolla grande, finamente picada

1 cucharadita de pasta de jengibre

1 cucharadita de pasta de ajo

Sal al gusto

½ cucharadita de pimienta negra molida

2 papas grandes, hervidas y en puré

8 huevos duros, partidos por la mitad

1 huevo duro

100 g de pan rallado

Un método

- Calentar el aceite en una olla. Agregue la cebolla, la pasta de jengibre, la pasta de ajo, la sal y la pimienta negra. Freír a fuego medio hasta dorar.
- Agrega las papas. Freír durante 2 minutos.
- Retire las yemas de huevo y agréguelas a la mezcla de papas. Mezclar bien.
- Rellena los huevos vacíos con la mezcla de yema de patata.
- Pasarlos por los huevos revueltos y pasarlos por pan rallado. Dejar de lado.
- Calienta el aceite en el sarten. Freír los huevos hasta que estén dorados. Servir caliente.

Jhal Mudi

(Arroz inflado picante)

Para 5-6 personas

Materia prima

300 g/10 oz de cuajada*

1 pepino, finamente picado

125g/4½ oz Chana cocida*

1 papa grande, hervida y finamente picada

125 g/4½ oz de maní tostado

1 cebolla grande, finamente picada

25 g/hojas pequeñas de cilantro, finamente picadas

4-5 cucharadas de aceite de mostaza

1 cucharada de comino molido, asado en seco

2 cucharadas de jugo de limón

Sal al gusto

Un método

- Mezclar todos los ingredientes para mezclar bien. Servir inmediatamente.

punto de tofu

dar 15

Materia prima

300 g/10 oz de tofu, cortado en trozos de 5 cm/2 pulgadas

1 pimiento verde picado

1 tomate, picado

1 cebolla grande, picada

1 cucharadita de chaat masala*

250g/9oz yogur griego

½ cucharadita de garam masala

½ cucharadita de cúrcuma

1 cucharadita de pasta de ajo

1 cucharadita de jugo de limón

Sal al gusto

1 cucharada de aceite vegetal refinado

Para los pepinillos:

25 g/pieza 1 oz de hojas de cilantro, molidas

25 g/pieza hojas de menta molidas

Un método

- Mezcla los ingredientes para la marinada. Marinar el tofu con la mezcla durante 30 minutos.
- Ase con los pimientos, los tomates y los trozos de cebolla durante 20 minutos, volteándolos de vez en cuando.
- Espolvorear con chaat masala. Servir caliente con chutney de menta

hola cable

(Mezcla picante de patatas, garbanzos y tamarindo)

Para 4 personas

Materia prima

3 papas grandes, hervidas y cortadas en cubitos

250g/9oz frijoles blancos*, cocido

1 cebolla grande, finamente picada

1 chile verde, finamente picado

2 cucharaditas de pasta de tamarindo

2 cucharaditas de semillas de comino tostadas secas, molidas

10 g/¼ oz de hojas de cilantro picadas

Sal al gusto

Un método

- Mezclar todos los ingredientes en un bol. Triturar ligeramente.
- Servir frío o a temperatura ambiente.

tortilla masala

dar 6

Materia prima

8 huevos batidos

1 cebolla grande, finamente picada

1 tomate, finamente picado

4 chiles verdes, finamente picados

2-3 dientes de ajo, finamente picados

Raíz de jengibre de 2,5 cm, finamente picada

3 cucharadas de hojas de cilantro finamente picadas

1 cucharadita de chaat masala*

½ cucharadita de cúrcuma

Sal al gusto

6 cucharadas de aceite vegetal refinado

Un método

- Combine todos los ingredientes excepto el aceite y mezcle bien.
- Calienta una sartén y unta 1 cucharada de aceite sobre ella. Extienda una sexta parte de la mezcla de huevo encima.
- Una vez listo, voltea la tortilla y cocina el otro lado a fuego medio.
- Repita con el resto de la masa.
- Servir caliente con ketchup o chutney de menta

vendedor de nueces

Para 4 personas

Materia prima

500g/1lb 2oz cacahuetes tostados

1 cebolla grande, finamente picada

3 chiles verdes, finamente picados

25 g/hojas pequeñas de cilantro, finamente picadas

1 papa grande, hervida y picada

1 cucharadita de chaat masala*

1 cucharada de jugo de limón

Sal al gusto

Un método

- Mezclar todos los ingredientes para mezclar bien. Servir inmediatamente.

Wadi de Kothmir

(Bolas fritas con cilantro)

Da 20-25

Materia prima

100 g de hojas de cilantro finamente picadas

250g/9oz besán*

45g/1½ oz de harina de arroz

3 chiles verdes, finamente picados

½ cucharadita de pasta de jengibre

½ cucharadita de pasta de ajo

1 cucharada de semillas de sésamo

1 cucharadita de cúrcuma

1 cucharadita de cilantro molido

1 cucharadita de azúcar

¼ de cucharadita de asafétida

cucharadita de bicarbonato de sodio

Sal al gusto

5 onzas líquidas/150 ml de agua

Aceite vegetal refinado para engrasar más extra para fritura básica

Un método

- Mezclar todos los ingredientes en un bol excepto el aceite. Agregue un poco de agua para hacer una pasta espesa.
- Engrasa con aceite un molde redondo de 20 cm y vierte la masa en él.
- Vapor durante 10-15 minutos. Dejar enfriar durante 10 minutos. Cortar la mezcla cocida al vapor en trozos cuadrados.
- Calienta el aceite en el sarten. Freír las piezas hasta que estén doradas por ambos lados. Servir caliente.

Rollitos de arroz y trigo

Para 4 personas

Materia prima

100 g/3½ oz de arroz al vapor, en puré

200 g/7 oz de granos de maíz cocidos

125 g/4½ oz de besán*

1 cebolla grande, finamente picada

1 cucharadita de garam masala

½ cucharadita de pimienta en polvo

10 g/¼ oz de hojas de cilantro picadas

Jugo de 1 limón

Sal al gusto

Aceite vegetal refinado para freír

Un método

- Mezclar todos los ingredientes, excepto el aceite.
- Calentar el aceite en una olla. Poner cucharadas pequeñas de la mezcla en el aceite y freír hasta que estén doradas por todos lados.
- Escurrir sobre toallas de papel. Servir caliente.

chuleta dahi

(chuleta de yogur)

Para 4 personas

Materia prima

Yogur griego 600g/1lb 5oz

Sal al gusto

3 cucharadas de hojas de cilantro picadas

6 chiles verdes, finamente picados

200 g / 7 oz de pan rallado

1 cucharadita de garam masala

2 cucharaditas de nueces picadas

2 cucharadas de harina blanca normal

½ cucharadita de bicarbonato de sodio

90 ml de agua

Aceite vegetal refinado para freír

Un método

- Mezcla el yogur con la sal, las hojas de cilantro, la guindilla, el pan rallado y el garam masala. Cortar en trozos del tamaño de un limón.

- Presione unas pocas nueces trituradas en el centro de cada rebanada. Dejar de lado.
- Mezcle la harina, el bicarbonato de sodio y suficiente agua para hacer una masa fina. Sumergir las chuletas en la masa y reservar.
- Calentar el aceite en una olla. Freír las chuletas hasta que estén doradas.
- Servir caliente con chutney de menta

Salgamos

(tortita de arroz)

dar 12

Materia prima

500g/1lb 2oz arroz

150 g/5½ oz de urad dhal*

2 cucharaditas de semillas de fenogreco

Sal al gusto

12 cucharadas de aceite vegetal refinado

Un método

- Mezclar todos los ingredientes, excepto el aceite. Remoje en agua durante 6-7 horas. Escurrir y moler hasta obtener una pasta fina. Deja que fermente durante 8 horas.
- Calienta una sartén y unta 1 cucharadita de aceite sobre ella.
- Vierta cucharadas gruesas de remolinos. Extender como un panqueque.
- Cocine a fuego lento durante 2-3 minutos. Vuelve y repite.
- Repita con el resto de la masa. Servir caliente.

Koraishuir Kochuri

(Prohibición rellena de frijoles)

Para 4 personas

Materia prima

175 g/6 oz de harina blanca normal

una cucharadita de sal

2 cucharadas de ghee y un poco más para freír

500g/1lb 2oz guisantes congelados

raíz de jengibre de 2,5 cm/1 pulgada

4 pimientos verdes pequeños

2 cucharadas de semillas de hinojo

¼ de cucharadita de asafétida

Un método

- Amasar la harina con ¼ de cucharadita de sal y 2 cucharadas de ghee. Dejar de lado.
- Muele los frijoles, el jengibre, el chile y el hinojo hasta obtener una pasta fina. Dejar de lado.
- Calentar una cucharadita de ghee en una sartén. Freír la asafétida durante 30 segundos.
- Agregue la pasta de frijoles y media cucharadita de sal. Freír durante 5 minutos. Dejar de lado.

- Divide la masa en 8 bolas. Aplane y rellene cada uno con la mezcla de guisantes. Cierra como un bolsillo y vuelve a abrir. Enrolle en discos circulares.
- Calentar el ghee en una olla. Agrega las rebanadas rellenas y fríe a fuego medio hasta que se doren. Escurrir sobre toallas de papel y servir caliente.

kanda vada

(rebanada de cebolla)

Para 4 personas

Materia prima

4 cebollas grandes, picadas

4 chiles verdes, finamente picados

10 g/¼ oz de hojas de cilantro picadas

cucharadita de pasta de ajo

¾ cucharadita de pasta de jengibre

½ cucharadita de cúrcuma

Una pizca de bicarbonato de sodio

Sal al gusto

250g/9oz besán*

Aceite vegetal refinado para freír

Un método

- Mezclar todos los ingredientes excepto el aceite. Amasar y reservar durante 10 minutos.
- Calentar el aceite en una olla. Añadir cucharadas de la mezcla al aceite y freír a fuego medio hasta que estén doradas. Servir caliente.

hola tuk

(Aperitivo de patata picante)

Para 4 personas

Materia prima

8-10 papas baby, al vapor

Sal al gusto

Aceite vegetal refinado para freír

2 cucharadas de chutney de menta

2 cucharadas de chutney de tomate dulce

1 cebolla grande, finamente picada

2-3 chiles verdes, finamente picados

1 cucharadita de sal negra, en polvo

1 cucharadita de chaat masala*

Jugo de 1 limón

Un método

- Presione suavemente la patata para aplanarla ligeramente. Espolvorear con sal.
- Calentar el aceite en una olla. Añadir las patatas y freír hasta que estén doradas por todos lados.

- Transfiere las papas a un plato para servir. Extienda el chutney de menta y el chutney de tomate dulce encima.
- Espolvoree cebolla, chile verde, sal negra, chaat masala y jugo de limón por encima. Servir inmediatamente.

chuletas de nuez

dar 10

Materia prima

200 g/7 oz de coco fresco, rallado

raíz de jengibre de 2,5 cm/1 pulgada

4 pimientos verdes

2 cebollas grandes, finamente picadas

50 g de hojas de cilantro

4-5 hojas de curry

Sal al gusto

2 papas grandes, hervidas y en puré

2 huevos batidos

100 g de pan rallado

Aceite vegetal refinado para freír

Un método

- Moler juntos el coco, el jengibre, el chile, la cebolla, las hojas de cilantro y las hojas de curry. Dejar de lado.
- Salar las patatas y mezclar bien.
- Haz bolas de patata del tamaño de un limón y aplanalas en la palma de tu mano.

- Coloque un poco de mezcla de coco molido en el centro de cada chuleta. Ciérrelos como un bolsillo y vuelva a aplanarlos suavemente.
- Sumergir cada chuleta en huevos batidos y rebozar en pan rallado.
- Calentar el aceite en una olla. Freír las chuletas hasta que estén doradas.
- Escurrir sobre toallas de papel y servir caliente con chutney de menta.

Dhokla con brotes de mung

(Pastel al vapor de brotes de mungo)

dar 20

Materia prima

200 g/7 oz de frijol mungo germinado

150 g/5½ oz de frijol mungo*

2 cucharadas de crema agria

Sal al gusto

2 cucharadas de zanahorias ralladas

Aceite vegetal refinado para lubricación

Un método

- Mezcle los frijoles mung, mung dhal y crema agria. Moler juntos en una pasta suave. Fermentación durante 3-4 horas. Añadir sal y reservar.
- Engrasa un molde redondo para tarta de 20 cm. Vierta la mezcla de dhal. Espolvoree sobre las zanahorias y cocine al vapor durante 7 minutos.
- Cortar en trozos y servir caliente.

Paneer Pakoda

(Masa Paneer Frita)

Para 4 personas

Materia prima

2½ cucharaditas de chile en polvo

1¼ cucharadita de amchoor*

panel de 250g/9oz*, cortado en trozos grandes

8 cucharadas de besán*

Sal al gusto

Una pizca de bicarbonato de sodio

5 onzas líquidas/150 ml de agua

Aceite vegetal refinado para freír

Un método

- Mezcle 1 cucharada de chile en polvo y amchoor. Marinar los trozos de paneer con la mezcla durante 20 minutos.
- Mezcle el besan con el chile en polvo restante, la sal, el bicarbonato de sodio y suficiente agua para hacer una pasta.
- Calentar el aceite en una olla. Sumerja cada trozo de paneer en la masa y fríalos a fuego medio hasta que estén dorados.
- Servir caliente con chutney de menta

pastel de carne indio

Para 4 personas

Materia prima

500 g / 1 lb 2 oz carne molida

200 g/7 oz tiras de tocino

½ cucharadita de pasta de jengibre

½ cucharadita de pasta de ajo

2 chiles verdes, finamente picados

½ cucharadita de pimienta negra molida

¼ de cucharadita de nuez moscada rallada

Jugo de 1 limón

Sal al gusto

2 huevos batidos

Un método

- Mezcla todos los ingredientes excepto los huevos en una olla.
- Cocine a fuego alto hasta que la mezcla esté seca. Un hermoso libro.
- Agregue los huevos batidos y mezcle bien. Verter en un molde para pastel de 20 x 10 cm/8 x 4 pulgadas.
- Deje que la mezcla hierva durante 15-20 minutos. Dejar enfriar durante 10 minutos. Cortar en rodajas y servir caliente.

paneer tikka

(Paneer Patty)

Para 4 personas

Materia prima

panel de 250g/9oz*, cortado en 12 piezas

2 jitomates, en cuartos y sin pulpa

2 pimientos verdes, sin semillas y en cuartos

2 cebollas medianas, en cuartos

3-4 hojas de col picadas

1 cebolla pequeña, en rodajas finas

Para los pepinillos:

1 cucharadita de pasta de jengibre

1 cucharadita de pasta de ajo

250g/9oz yogur griego

2 cucharadas de nata líquida

Sal al gusto

Un método

- Mezcla los ingredientes para la marinada. Marinar el paneer, los tomates, el pimiento y la cebolla con esta mezcla durante 2-3 horas.
- Cortarlos uno a uno y asarlos en una parrilla de carbón hasta que los trozos de panir estén dorados.
- Adorne con repollo y cebolla. Servir caliente.

Chuletas Paneer

dar 10

Materia prima

1 cucharada de manteca

2 cebollas grandes, finamente picadas

Raíz de jengibre de 2,5 cm, rallada

2 chiles verdes, finamente picados

4 dientes de ajo, finamente picados

3 papas, hervidas y en puré

300g/10oz de queso de cabra, escurrido

1 cucharada de harina blanca normal

3 cucharadas de hojas de cilantro picadas

50 g de pan rallado

Sal al gusto

Aceite vegetal refinado para freír

Un método

- Calentar el ghee en una olla. Agregue la cebolla, el jengibre, el pimentón y el ajo. Freír, revolviendo con frecuencia, hasta que la cebolla esté dorada. Alejar del calor.
- Agrega las papas, el queso de cabra, la harina, las hojas de cilantro, el pan rallado y la sal. Mezclar bien y formar chuletas con la mezcla.
- Calentar el aceite en una olla. Freír las chuletas hasta que estén doradas. Servir caliente.

Valle del kebab

(Entra Kebab)

dar 12

Materia prima

600g/1lb 5oz masor dhal*

1,2 litros / 2 litros de agua

Sal al gusto

3 cucharadas de hojas de cilantro picadas

3 cucharadas de maicena

3 cucharadas de pan rallado

1 cucharadita de pasta de ajo

Aceite vegetal refinado para freír

Un método

- Cuece el dhali con agua y sal en una olla a fuego medio durante 30 minutos. Escurra el exceso de agua y triture el dhal cocido con una cuchara de madera.
- Agregue todo lo demás excepto el aceite. Mezclar bien y dar forma a la mezcla en 12 tortas.
- Calentar el aceite en una olla. Freír los pasteles hasta que estén dorados. Escurrir sobre toallas de papel y servir caliente.

bolas de arroz salado

Para 4 personas

Materia prima

100 g/3½ oz de arroz al vapor

125 g/4½ oz de besán*

Yogur 125g/4½ oz

½ cucharadita de pimienta en polvo

cucharadita: Cúrcuma

1 cucharadita de garam masala

Sal al gusto

Aceite vegetal refinado para freír

Un método

- Triture el arroz con una cuchara de madera. Agregue todos los ingredientes restantes, excepto el aceite, y mezcle bien. Esto debería hacer una masa con la consistencia de una mezcla para pastel. Añadir agua si es necesario.
- Calienta el aceite en el sarten. Añadir cucharadas de masa y freír a fuego medio hasta que estén doradas.
- Escurrir sobre toallas de papel y servir caliente.

Roll Roti nutritivo

Para 4 personas

Materia prima
Para rellenar:

1 cucharadita de semillas de comino

1 cucharadita de mantequilla

1 papa hervida, hecha puré

1 huevo duro, finamente picado

1 cucharada de hojas de cilantro picadas

½ cucharadita de pimienta en polvo

Una pizca de pimienta negra molida

Una pizca de garam masala

1 cucharada de cebolla verde, finamente picada

Sal al gusto

Para el bistec:

85g/3oz entero

1 cucharadita de aceite vegetal refinado

Una pizca de sal

Un método

- Mezclar todos los ingredientes del relleno y machacar bien. Dejar de lado.
- Mezclar todos los ingredientes para las ruedas. Amasar en una masa suave.
- Forme bolas de masa del tamaño de nueces y enróllelas en discos.
- Extienda el relleno en puré fina y uniformemente en cada plato. Enrolle cada disco en un rollo apretado.
- Tostar los rollos ligeramente en una sartén caliente. Servir caliente.

Brochetas de pollo y menta

dar 20

Materia prima

500g/1lb 2oz pollo molido

50 g de hojas de menta finamente picadas

4 chiles verdes, finamente picados

1 cucharadita de cilantro molido

1 cucharadita de comino molido

Jugo de 1 limón

1 cucharadita de pasta de jengibre

1 cucharadita de pasta de ajo

1 huevo duro

1 cucharada de maicena

Sal al gusto

Aceite vegetal refinado para freír

Un método
- Mezclar todos los ingredientes excepto el aceite. Amasar en una masa suave.
- Dividir la masa en 20 partes y aplanar cada una.
- Calienta el aceite en el sarten. Freír las brochetas a fuego medio hasta que estén doradas. Servir caliente con chutney de menta

papas fritas masala

Para 4 personas

Materia prima

200 g / 7 oz gajos de papa con sal simple

2 cebollas, finamente picadas

10 g/¼ oz de hojas de cilantro, finamente picadas

2 cucharaditas de jugo de limón

1 cucharadita de chaat masala*

Sal al gusto

Un método

- Triturar las conchas. Agregue todos los ingredientes y revuelva para combinar bien.
- Servir inmediatamente.

Samosa de Verduras Mixtas

(mezcla de verduras con sabor)

dar 10

Materia prima

2 cucharadas de aceite vegetal purificado y un poco más para freír

1 cebolla grande, finamente picada

175 g/6 oz de pasta de jengibre

1 cucharadita de comino molido, asado en seco

Sal al gusto

2 papas, hervidas y cortadas en cubitos

125 g/4½ oz de frijoles cocidos

Para la masa:

175 g/6 oz de harina blanca normal

Una pizca de sal

2 cucharadas de aceite vegetal refinado

100 ml/3½ onzas líquidas de agua

Un método

- Calentar 2 cucharadas de aceite en una sartén. Agregue la cebolla, el jengibre y el comino molido. Freír durante 3-5 minutos, revolviendo constantemente.
- Añadir la sal, las patatas y los guisantes. Mezclar bien y machacar. Dejar de lado.
- Hacer conos de masa con la masa, como en la receta de Patata Samosa
- Rellene cada cono con 1 cucharada de la mezcla de papas y frijoles y selle los bordes.
- Calienta el aceite en una sartén y fríe los conos hasta que estén dorados.
- Escurrir y servir caliente con ketchup o chutney de menta

Rollos picados

dar 12

Materia prima

500g/1lb 2oz de cordero molido

2 chiles verdes, finamente picados

Raíz de jengibre de 2,5 cm, finamente picada

2 dientes de ajo, finamente picados

1 cucharadita de garam masala

1 cebolla grande, finamente picada

25 g/min de hojas de cilantro picadas

1 huevo duro

Sal al gusto

50 g de pan rallado

Aceite vegetal refinado para fritura básica

Un método

- Mezclar todo menos el pan rallado y el aceite. Divide la mezcla en 12 porciones cilíndricas. Pasar por pan rallado. Dejar de lado.
- Calienta el aceite en el sarten. Freír los rollitos a fuego lento hasta que estén dorados por todos lados.
- Servir caliente con chutney de coco verde

Golli Kebab

(rollos de verduras)

dar 12

Materia prima

1 zanahoria grande, finamente picada

50g/1¾oz judías verdes picadas

50 g de repollo, finamente picado

1 cebolla pequeña, rallada

1 cucharadita de pasta de ajo

2 pimientos verdes

Sal al gusto

½ cucharadita de azúcar en polvo

½ cucharadita de amchoor*

50 g de pan rallado

125 g/4½ oz de besán*

Aceite vegetal refinado para freír

Un método

- Mezclar todos los ingredientes excepto el aceite. Forme 12 cilindros.
- Calienta el aceite en el sarten. Freír los rollos hasta que estén dorados.
- Servir caliente con salsa de tomate.

matemáticas

(sal frita)

dar 25

Materia prima

350 g/12 oz de harina blanca normal

200 ml de agua tibia

1 cucharada de manteca

1 cucharadita de semillas de ajwain

1 cucharada de manteca

Sal al gusto

Aceite vegetal refinado para freír

Un método

- Mezclar todos los ingredientes excepto el aceite. Amasar en una masa suave.
- Divide la masa en 25 partes. Enrolle cada porción en un disco con un diámetro de 5 cm. Pinchar los platos con un tenedor y reservar durante 30 minutos.
- Calentar el aceite en una olla. Freír los discos hasta que se vuelvan dorados.
- Escurrir sobre toallas de papel. Refrigere y almacene en un recipiente hermético.

Poha Pakoda

Para 4 personas

Materia prima

100g/3½ oz poha*

500 ml/16 onzas líquidas de agua

125 g/4½ oz de maní, molido grueso

½ cucharadita de pasta de jengibre

½ cucharadita de pasta de ajo

2 cucharaditas de jugo de limón

1 cucharadita de azúcar

1 cucharadita de cilantro molido

½ cucharadita de comino molido

10 g/¼ oz de hojas de cilantro, finamente picadas

Sal al gusto

Aceite vegetal refinado para freír

Un método

- Remoje poha en agua durante 15 minutos. Escurrir y mezclar con todo menos el aceite. Forma bolitas del tamaño de nueces.
- Calienta el aceite en el sarten. Freír las bolas de poha a fuego medio hasta que estén doradas.
- Escurrir sobre toallas de papel. Servir caliente con chutney de menta

Hariyali Murgh Tikka

(Mancha verde de pollo)

Para 4 personas

Materia prima

650 g/1 lb 6 oz de pollo deshuesado, cortado en trozos de 5 cm/2 pulgadas

Aceite vegetal refinado para cepillar

Para los pepinillos:

Sal al gusto

Yogur 125g/4½ oz

1 cucharada de pasta de jengibre

1 cucharada de pasta de ajo

25 g/pieza hojas de menta molidas

25 g/pieza 1 oz de hojas de cilantro, molidas

50 g/1¾ oz de espinacas picadas

2 cucharadas de garam masala

3 cucharadas de jugo de limón

Un método

- Mezcla los ingredientes para la marinada. Marinar el pollo con esta mezcla durante 5-6 horas en el frigorífico. Retire del refrigerador al menos una hora antes de cocinar.
- Asa las piezas de pollo en una brocheta o en una sartén grill con aceite. Cocine hasta que el pollo esté dorado por todos lados. Servir caliente.

boti kebab

(Bocados de kebab de cordero)

dar 20

Materia prima

500 g/1 lb 2 oz de cordero deshuesado, cortado en trozos pequeños

1 cucharadita de pasta de jengibre

2 cucharaditas de pasta de ajo

2 cucharaditas de chile verde

½ cucharada de cilantro molido

½ cucharada de comino molido

cucharadita: Cúrcuma

1 cucharadita de pimienta en polvo

una cucharadita de garam masala

Jugo de 1 limón

Sal al gusto

Un método
- Mezclar bien todos los ingredientes y dejar actuar durante 3 horas.
- Cortar el cordero en trozos. Cocine en una parrilla de carbón durante 20 minutos hasta que estén doradas. Servir caliente.

Charlar

(snack sabroso de patata)

Para 4 personas

Materia prima

Aceite vegetal refinado para freír

4 papas medianas, hervidas, peladas y cortadas en trozos de 2,5 cm

½ cucharadita de pimienta en polvo

Sal al gusto

1 cucharadita de comino molido, asado en seco

1½ cucharadita de chaat masala*

1 cucharadita de jugo de limón

2 cucharadas de chutney de mango picante y dulce

1 cucharada de chutney de menta

10 g/¼ oz de hojas de cilantro picadas

1 cebolla grande, finamente picada

Un método
- Calienta el aceite en el sarten. Freír las patatas a fuego medio hasta que estén doradas por todos lados. Escurrir sobre toallas de papel.
- Mezcla las papas con el chile en polvo, la sal, el comino molido, el chaat masala, el jugo de limón, el chutney de mango caliente y dulce y el chutney de menta en un tazón. Adorne con hojas de cilantro y cebollas. Servir inmediatamente.

Una dosis de nueces

(tortita de coco)

Hace 10-12

Materia prima

250 g/9 oz de arroz, remojado durante 4 horas

100g/3½ oz poha*, remojado durante 15 minutos

100 g/3½ oz de arroz al vapor

50 g de coco fresco, rallado

50 g de hojas de cilantro picadas

Sal al gusto

12 cucharaditas de aceite vegetal refinado

Un método

- Triture todos los ingredientes, excepto el aceite, para formar una pasta espesa.
- Unte con mantequilla y caliente una sartén plana. Vierta una cucharada de masa y extienda con el dorso de una cuchara para formar un panqueque delgado. Vierta una cucharadita de aceite en él. Hornee hasta que estén crujientes. Repita con el resto de la masa.
- Servir caliente con chutney de coco

Tortitas con frutos secos

dar 8

Materia prima

50 g / 1¾ oz de frutas secas mixtas, finamente picadas

2 cucharadas de chutney de mango picante y dulce

4 papas grandes, hervidas y en puré

2 chiles verdes, finamente picados

1 cucharada de maicena

Sal al gusto

Aceite vegetal refinado para freír

Un método

- Mezcla frutas secas con chutney de mango caliente y dulce. Dejar de lado.
- Mezcla las papas, el pimiento verde, la maicena y la sal.
- Divide la mezcla en 8 bolas del tamaño de un limón. Aplanarlos presionándolos suavemente entre las palmas de las manos.
- Coloque un poco de mezcla de frutos secos en el centro de cada uno y selle como una bolsa. Enrolle nuevamente para formar tazas para hornear.
- Calienta el aceite en el sarten. Agrega las tortas y fríe a fuego medio hasta que estén doradas por todos lados. Servir caliente.

Una lata de arroz hervido

Hace 10-12

Materia prima

100 g/3½ oz de arroz al vapor

250g/9oz besán*

3-4 chiles verdes, finamente picados

1 cebolla, finamente picada

50 g de hojas de cilantro picadas

8 hojas de curry, finamente picadas

Pellizcar asafétida

3 cucharadas de yogur

Sal al gusto

5 onzas líquidas/150 ml de agua

12 cucharaditas de aceite vegetal refinado

Un método

- Mezcla todos los ingredientes juntos. Muela ligeramente y agregue un poco de agua para hacer una pasta espesa.
- Unte con mantequilla y caliente una sartén plana. Verter una cucharada de masa y extender hasta formar una tortita fina. Vierta una cucharada de aceite alrededor. Hornee hasta que estén crujientes. Repita con el resto de la masa.
- Servir caliente con chutney de coco

Tartas de plátano sin madurar

dar 10

Materia prima

6 plátanos verdes, cocidos y machacados

3 chiles verdes, finamente picados

1 cebolla pequeña, finamente picada

cucharadita: Cúrcuma

1 cucharada de maicena

1 cucharadita de cilantro molido

1 cucharadita de comino molido

1 cucharadita de jugo de limón

½ cucharadita de pasta de jengibre

½ cucharadita de pasta de ajo

Sal al gusto

Aceite vegetal refinado para fritura básica

Un método

- Mezclar todos los ingredientes excepto el aceite. Amasar bien.
- Divida en 10 bolas del mismo tamaño. Enrolle en moldes para hornear.
- Calienta el aceite en el sarten. Agregue algunos pasteles a la vez y fríalos hasta que estén dorados por todos lados.
- Servir caliente con ketchup o chutney de menta

sooji vada

(Snacks fritos de sémola)

Da 25-30

Materia prima

- 200 g/7 oz de sémola
- Yogur 250g/9oz
- 1 cebolla grande, picada
- Raíz de jengibre de 2,5 cm, rallada
- 8 hojas de curry
- 4 chiles verdes, finamente picados
- ½ coco fresco, rallado
- Sal al gusto
- Aceite vegetal refinado para freír

Un método

- Mezcle todos los ingredientes, excepto el aceite, para hacer una pasta espesa. Dejar de lado.
- Calienta el aceite en el sarten. Añadir con cuidado cucharadas de masa y freír a fuego medio hasta que estén doradas.
- Escurrir sobre toallas de papel. Servir caliente con chutney de menta

Bocados agridulces

dar 20

Materia prima

   2 cucharadas de aceite vegetal refinado

   1 cucharadita de semillas de mostaza

   1 cucharadita de semillas de sésamo

   7-8 hojas de curry

   2 cucharadas de hojas de cilantro, finamente picadas

Para muthias:

   200 g/7 oz de arroz al vapor

   50 g de repollo picado

   1 zanahoria mediana, rallada

   125 g/4½ oz de guisantes congelados, descongelados y hechos puré

   4 chiles verdes, finamente picados

   1 cucharadita de pasta de jengibre

   1 cucharadita de pasta de ajo

   2 cucharadas de azúcar en polvo

   2 cucharadas de jugo de limón

   Una pizca de cúrcuma

   1 cucharadita de garam masala

3 cucharadas de salsa de tomate

Sal al gusto

Un método

- Mezcle todos los ingredientes muthia en un tazón. Amasar bien.
- Transfiere esta mezcla a un molde para pastel redondo de 20 cm/8 pulgadas engrasado y espárcela uniformemente.
- Coloque la sartén en una vaporera y cocine al vapor durante 15-20 minutos. Deja que se enfríe durante 15 minutos. Cortar en trozos en forma de diamante. Dejar de lado.
- Calentar el aceite en una olla. Agregue semillas de mostaza, semillas de sésamo y hojas de curry. Déjalos temer durante 15 segundos.
- Viértalo directamente sobre las muthias. Adorne con cilantro y sirva caliente.

Bolas de camarones

Para 4 personas

Materia prima

2 cucharadas más de aceite vegetal refinado para freír

1 cebolla, finamente picada

Raíz de jengibre de 2,5 cm, finamente picada

2 dientes de ajo, finamente picados

250 g de gambas, limpias y pescadas

1 cucharadita de garam masala

Sal al gusto

1 cucharadita de jugo de limón

2 cucharadas de hojas de cilantro picadas

5 papas grandes, hervidas y en puré

100 g de pan rallado

Un método

- Calentar 2 cucharadas de aceite en una sartén. Añadir la cebolla y sofreír hasta que esté transparente.
- Añadir el jengibre y el ajo y sofreír a fuego medio durante un minuto.
- Agregue las gambas, el garam masala y la sal. Cocine 5-7 minutos.
- Agregue el jugo de limón y las hojas de cilantro. Mezcle bien y deje reposar.
- Salar las patatas y darles forma de tortas. Coloque un poco de la mezcla de camarones en cada hamburguesa. Sellar en una bolsa y aplanar. Dejar de lado.
- Calentar el aceite en una olla. Pasar las empanadas por pan rallado y freír hasta que estén doradas. Servir caliente.

Reshmi de kebab

(Brocheta de pollo en cremoso adobo)

Hace 10-12

Materia prima

8 fl oz/250 ml de crema agria

1 cucharadita de pasta de jengibre

1 cucharadita de pasta de ajo

1 cucharadita de sal

1 huevo duro

120ml/4fl oz crema doble

500 g/1 lb 2 oz de pollo deshuesado, desmenuzado

Un método

- Mezcle la crema agria, la pasta de jengibre y la pasta de ajo. Agregue sal, huevos y crema para hacer una pasta espesa.
- Marinar el pollo con esta mezcla durante 2-3 horas.
- Cortar en trozos y cocinar en una parrilla de carbón hasta que estén dorados.
- Servir caliente.

Delicia de trigo partido

dar 15

Materia prima

250 g/9 oz de trigo partido, ligeramente tostado

150 g/5½ oz de frijol mungo*

300 ml de agua

125 g/4½ oz de guisantes congelados

60 g de zanahorias ralladas

1 cucharada de maní tostado

1 cucharada de pasta de tamarindo

1 cucharadita de garam masala

1 cucharadita de pimienta en polvo

cucharadita: Cúrcuma

1 cucharadita de sal

1 cucharada de hojas de cilantro picadas

Un método

- Remoje el trigo partido y el mung dhal en agua durante 2-3 horas.
- Agregue el resto de los ingredientes, excepto las hojas de cilantro, y mezcle bien.
- Verter la mezcla en un molde para tarta redondo de 20 cm. Cocer al vapor durante 10 minutos.
- Enfriar y cortar en trozos. Adorne con cilantro. Servir con chutney de coco verde

Methi Dhokla

(pastel de fenogreco al vapor)

dar 12

Materia prima

200 g/7 oz de arroz de grano corto

150 g/5½ oz de urad dhal*

Sal al gusto

25 g/pieza de hojas de fenogreco picadas

2 cucharaditas de chile verde

1 cucharada de crema agria

Aceite vegetal refinado para lubricación

Un método

- Remoja el arroz y déjalo en remojo durante 6 horas.
- Muela hasta obtener una pasta espesa y déjela fermentar durante 8 horas.
- Agrega el resto de los ingredientes. Mezclar bien y fermentar durante otras 6-7 horas.
- Engrasa un molde redondo para tarta de 20 cm. Vierta la masa en la sartén y déjala crecer durante 7-10 minutos.
- Sirva caliente con cualquier chutney dulce.

tortas de guisantes

dar 12

Materia prima

2 cucharadas de aceite vegetal purificado y un poco más para freír

1 cucharadita de semillas de comino

600g/1lb 5oz frijoles cocidos, hechos puré

1½ cucharadita de amchoor*

1½ cucharadita de cilantro molido

Sal al gusto

½ cucharadita de pimienta negra molida

6 papas, hervidas y en puré

2 rebanadas de pan

Un método

- Calentar 2 cucharadas de aceite en una cacerola. Agregue semillas de comino. Después de 15 segundos, agregue los frijoles, el amchoor y el cilantro. Freír durante 2 minutos. Dejar de lado.
- Salpimentar las patatas. Dejar de lado.
- Sumergir las rebanadas de pan en el agua. Exprima el exceso de agua apretando entre sus palmas. Retire la piel y agregue las rodajas a la mezcla de papas. Mezclar bien. Divide la mezcla en bolas del tamaño de un limón.
- Aplane cada bola y coloque una cucharada de la mezcla de guisantes en el centro. Cierra como un bolsillo y vuelve a abrir.
- Calienta el aceite en el sarten. Freír los pasteles hasta que estén dorados. Servir caliente.

Nimki

(triángulo de harina crocante)

dar 20

Materia prima

500g/1lb 2oz besán*

75 g/2½ oz de manteca

1 cucharadita de sal

1 cucharadita de semillas de comino

1 cucharadita de semillas de ajwain

200 ml de agua

Sal al gusto

Aceite vegetal refinado para freír

Un método

- Mezclar todos los ingredientes excepto el aceite. Amasar en una masa dura.
- Hacer bolitas del tamaño de una nuez. Enrolle en discos delgados. Cortar por la mitad y doblar en triángulos.
- Calienta el aceite en el sarten. Freír los triángulos a fuego medio hasta que estén dorados. Refrigere y guarde en un recipiente hermético hasta por 8 días.

Dahi Pakoda Chaat

(Pasteles Fritos De Dip De Yogur)

Para 4 personas

Materia prima

200g/7oz mungo dhal*

200 g/7 oz urad dhal*

½ pulgada/1 cm de raíz de jengibre, picado

3 cucharadas de hojas de cilantro picadas

Sal al gusto

Aceite vegetal refinado para freír

125 g/4½ oz de chutney de tomate dulce

125 g de chutney de menta

175 g/6 oz de yogur, batido

½ cucharadita de sal negra

1 cucharada de comino molido, asado en seco

3 cucharadas de mezcla Bombay*

Un método

- Ponga los dals juntos durante 4-5 horas. Escurrir y agregar jengibre, 2 cucharadas de hojas de cilantro y sal. Moler para hacer una pasta espesa. Dejar de lado.

- Calentar el aceite en una olla. Cuando empiece a humear, añádele una cucharada de la masa. Freír hasta que estén doradas. Escurrir sobre toallas de papel.
- Coloque las pakodas fritas en un plato para servir. Rocíe el chutney de menta, el chutney de tomate dulce y el yogur sobre las pakodas. Espolvorear con el resto de los ingredientes. Servir inmediatamente.

www.ingramcontent.com/pod-product-compliance
Lightning Source LLC
Chambersburg PA
CBHW071238080526
44587CB00013BA/1665